Schlesische Schlösser

Josef von Golitschek

SCHLESIEN

Land der Schlösser

Band I

Von Bankau bis Moschen

Josef von Golitschek

SCHLESIEN

Land der Schlösser

Band I

Von Bankau bis Moschen

Mit 216 historischen Großfotos

FLECHSIG

Umwelthinweis:
Dieses Buch und der Umschlag wurden auf chlorfrei gebleichtem Papier gedruckt.
Die Einschrumpffolie – zum Schutz vor Verschmutzung – ist aus umweltverträglichem und recyclingfähigem PE-Material.

Titelbild: Schloss Bechau, Kreis Neisse

Sonderausgabe für Flechsig-Buchvertrieb
Genehmigte Lizenzausgabe für Verlagshaus Würzburg GmbH & Co. KG, Würzburg

Originalausgabe: Adam Kraft Verlag, Würzburg
Gesamtherstellung: Egedsa, Sabadell
Printed in Spain 2000
ISBN 3-88189-348-2

BESINNUNG AUF VERGANGENES

286 Schlösser, die einst Schlesien zierten, werden in den beiden Bänden SCHLESIEN – LAND DER SCHLÖSSER in 408 Aufnahmen vorgestellt. Diese Schlösser liegen, soweit sie noch bestehen, heute zumeist in Polen, ganz wenige in der Deutschen Demokratischen Republik oder in der Tschechoslowakei, die sich bereits nach dem Ersten Weltkrieg das Hultschiner Ländchen einverleibte und, mit einer kurzen Unterbrechung zwischen 1938 und 1945, bis heute behielt.

Den deutschen Namen aus der Zeit, da diese Fotos entstanden, sind die abgeänderten aus den dreißiger Jahren sowie die polnischen beigefügt, die sie heute tragen. Dies soll dem Benützer des Buches die Orientierung auf neueren Karten erleichtern. Dabei hofft der Verlag gerade wegen des zunehmenden Reiseverkehrs aus der Bundesrepublik Deutschland nach Schlesien auf das Verständnis der Leser.

Die Fotos sind durchweg innerhalb eines Jahrzehnts am Beginn des 20. Jahrhunderts entstanden. Sie zeigen neben großen und traditionsreichen Bauten auch kleine, vielleicht damals eben erst fertiggestellte, dem Jugenstil verpflichtete Bauten, dazwischen alle nur denkbaren Arten von Mischstilen oder gutgemeinten und womöglich auch durchaus mißglückten Renovierungen: Schlesien, kurz gesagt, wie es sich vor dem Ersten Weltkrieg nach einer langen Friedensperiode dem Besucher bot.

Die Bildauswahl stand dem Verlag nicht frei. Sämtliche Aufnahmen stammen aus den dickleibigen drei Bänden SCHLESISCHE SCHLÖSSER, die Robert Weber, ein Architekt aus Dresden, zwischen der Jahrhundertwende und dem Ersten Weltkrieg herausgab. Er hatte selbst gelegentlich schlesische Schlösser renoviert oder umgebaut. Wieweit er selbst in seiner Auswahl der vorzustellenden Schlösser freie Hand hatte, entzieht sich unserer Kenntnis. Möglich, daß manche Schloßbesitzer oder Gutsherren es ablehnten, ihr Haus in dieses Werk aufzunehmen.

Noch galt es nicht als schick für Adelige, mit Filmschauspielern, Schlagersängern und anderen Vertretern eines frohgemuten Lebens die Seiten der Regenbogenpresse zu bevölkern.

Die Angaben zu den Häusern, die Weber sammelte und die hier aus anderen Quellen ergänzt und berichtigt wurden, sind von unterschiedlicher Gründlichkeit und Genauigkeit. Sie reichen in vielen Fällen nur bis zur Herausgabe der Bände durch Robert Weber. Wo immer es möglich war, sind wir auf den heutigen Zustand eingegangen. Diese Angaben in lexikalischer Kürze sollen den Leser anregen, zwischen den Zeilen den Schicksalen, die einst in diesen Kulissen spielten, ein wenig nachzusinnen.

Darin findet sich Stoff für viele Novellen und Dramen. Aus diesen Gedanken erwächst die Erkenntnis, „Fortschritt" im engeren Sinne des Wortes bedeute lediglich, daß sich das Rad der Geschichte weiterdreht. Ob zum Besseren oder Schlechteren, das steht auf einem anderen Blatt.

J. v. Golitschek

Blick in die Vergangenheit

Um 1910 gab der Dresdner Architekt Robert Weber seine drei Prachtbände „Schlesische Schlösser" heraus, in denen er 286 Bauten in über vierhundert Einzelaufnahmen vorstellte. Die zwei Bände SCHLESIEN – LAND DER SCHLÖSSER bringen fast sämtliche Tafeln, die damals die kiloschweren Bände des Dresdner Architekten enthielten. Sie sind der leichteren Benutzung wegen alphabetisch geordnet. Die Texte sind aus Platzgründen knapp gefaßt, sie wären in ihrer Weitschweifigkeit für den heutigen Leser unerträglich gewesen. Familienforscher, die sie allenfalls interessieren, seien auf das Originalwerk verwiesen, das in einzelnen Exemplaren noch auffindbar ist.

Interessieren eigentlich die Schlösser, die in Schlesien großenteils überhaupt nicht mehr existieren, interessieren die Schicksale des Adels in Jahrhunderten, die uns ferne gerückt sind, überhaupt noch jemand? Die Schlösser haben so, wie dieses Buch sie zeigt, im ersten Jahrzehnt unseres Jahrhunderts ausgesehen, während in vielen sonstigen Werken, die Schlösser und Burgen vorstellen, die Abbildungen aus unterschiedlichen Epochen stammen. Der Querschnitt, der sich dem Betrachter bietet, zeigt also eine Landschaft in einer eng begrenzten Zeit. Er spiegelt zugleich nicht nur die Tradition, sondern auch den Zeitgeschmack eines Jahrzehnts, das der Jugendstil kunstgeschichtlich beherrschte.

Gutshäuser oder Schlösser?

Schon an Robert Weber wurde nach Erscheinen des ersten Bandes die Frage gestellt, ob er mit dem Ausdruck „Schlösser" nicht zu hoch gegriffen habe. In manchen Fällen – unseren Lesern wird es schon beim ersten Durchblättern der Bände auffallen – sind die gezeigten Häuser wirklich weit von dem entfernt, was wir heutzutage als Schloß bezeichnen würden. Robert Weber verweist deshalb im Vorwort zum zweiten Band darauf, daß eben in Schlesien die Herrenhäuser oder Gutshäuser, wie man sie anderswo und wohl sogar auch der schlesische Adel selbst in manchen Fällen nannte, vom schlesischen Dorfbewohner seit altersher als „Schloß" bezeichnet wurden.

Ob groß oder klein, sie bildeten stets den Mittelpunkt des Gutes, und sie dienten nicht nur als Verwaltungszentrale, sofern der Grundherr im Schlosse weilte, denn oft besaß er ja mehrere; in ihnen als Mittelpunkt spielte sich das gesellschaftliche und kulturelle Leben ganzer Gegenden ab. Es ist kein Zufall, wenn der polnische Germanist Prof. Szyrocki

Glatz im Jahre 1532.

von der Breslauer Universität in einem Interview erklärte, die Breslauer Universität verfüge heute wohl über die größte Sammlung deutscher Barockliteratur, da zu den ohnehin großen Beständen, die hier schon bis 1945 vorhanden waren und die den Krieg und die Kämpfe um Breslau unversehrt überstanden, auch noch all die Bücher aus den Bibliotheken der schlesischen Klöster und Schlösser gekommen seien. Das,

so sagte er bei dieser Gelegenheit wörtlich dem deutschen Rundfunkjournalisten Albrecht Baehr, bedeute für ihn und seine polnischen Kollegen Verpflichtung genug, sich dieser Epoche der deutschen Literatur mit besonderer Gründlichkeit wissenschaftlich anzunehmen.
Die Zahl der gezeigten Schlösser soll nicht den Eindruck er-

Schloß Kreisau.

wecken, die beiden Bände enthielten alle damals vorhandenen Herrenhäuser Schlesiens. Es fehlen zum Beispiel Kreisau, wo H.J. Graf von Moltke mit seinen Freunden die Möglichkeit eines Aufstandes gegen Hitler beriet, es fehlt Lubowitz, das Schloß, in dem Eichendorff geboren wurde, ebenso Krieblowitz, der Alterssitz Blüchers, des Marschalls Vorwärts aus den Kriegen gegen Napoleon. Robert Weber hat sie in seine Bände, aus welchen Gründen immer, nicht aufgenommen. Hatten es die damaligen Besitzer nicht gewünscht, waren diese Schlösser für spätere, nicht mehr erschienene Bände bestimmt? Es Es läßt sich nicht mehr feststellen.

Auf höchst unterschiedliche Weise sind sie weit über Schlesiens Grenzen bekannt geworden. Das sollte Grund genug sein, Schlösser nicht als architektonischen Ausdruck eines Standes, sondern als das zu sehen, was sie waren: die Wohnungen von Individuen sehr unterschiedlicher Prägung.

Das schiefe Bild vom Adel

Damit ist bereits die zweite Frage nochmals angeklungen, die wir uns eingangs stellten: Was soll uns der Adel von anno dazumal heute? Waren das nicht lauter Nichtstuer, die ihre Privilegien aus Feudalzeiten noch bis in unser Jahrhundert hereinschleppten und ihre Landarbeiter ausbeuteten? Sind ihre Schlösser nicht sozusagen aus den Tränen und dem Schweiß „ihrer“ Leute errichtet? Vergessen wir sie doch, so mag mancher denken, je schneller, desto besser. Sehr schnell führt man dann den „ostelbischen Junker“ im Munde.
Diese Junker waren engstirnig und brutal, unendlich reaktionär und den Ergötzlichkeiten dieses Lebens auf die viehischste Weise zugetan? Solche Vorurteile findet man überraschend oft gerade bei Menschen, die sich für absolut vorurteilsfrei halten. Wir wollen keineswegs behaupten, alle Junker seien Engel gewesen. Engstirnige Zeitgenossen gab und gibt es nicht nur östlich der Elbe, sondern seit jeher gewiß auch bis weit, sehr weit westlich dieses Stromes.
Nimmt man sich einmal die Mühe, ein wenig die Geschichte ihrer Familien und deren Besitztümer zu untersuchen, wie sie sich in stichwortartiger Kürze in den Bildunterschriften finden, so wird man bald von den allzu billigen Verallgemeinerungen ablassen. Man wird sie mit all ihren Sorgen kennen lernen in einer Landschaft, die in jedem Jahrhundert für sie die schrecklichsten kriegerischen Verheerungen brachte und sie immer wieder zum Neuaufbau zwang. Kaum hatten die deutschen Ritter in Schlesien – von polnischen Herzögen zur Einführung einer fortschrittlicheren Wirtschaft gerufen – an

der Seite ihrer polnischen Standesgenossen Fuß gefaßt, da erlag beim Mongoleneinfall von 1241 die Blüte der schlesischen Ritterschaft bei Wahlstatt der dreifachen Übermacht und wurde niedergemetzelt. Hundert Jahre später forderten die Kriege zwischen den böhmischen Königen und den polnischen Herzögen ihren Blutzoll. Im nächsten Jahrhundert

Kirche zu Wahlstadt.

kamen die Hussitenkriege, im 16. die Erschütterungen der Reformation und im 17. der Dreißigjährige Krieg mit seinen Verheerungen und Seuchen. Wieder ein Jahrhundert später tobten die Schlesischen Kriege jahrelang durchs Land. Kaum waren ihre Folgen überwunden, brach die Napoleonische Zeit mit Plünderungen und Kontributionen an, darauf die Revolution von 1848. Das Ende von 1945 haftet sogar all denen noch im Gedächtnis, denen die ältere Geschichte unbekannt blieb.

Auf die Geschichte Schlesiens wird noch im 2. Band einzugehen sein. Immerhin ergibt sich schon aus diesen Andeutungen, wie schwer das Leben im Grenzgebiet allzeit gewesen ist, für das ,,niedere", das ,,gemeine" Volk nicht weniger als für den Adel.

,,Ostelbier" aus Deutschlands Westen

Bei der aufmerksamen Lektüre der Bildunterschriften, die mehr vom Schicksal der Häuser als ihrer Bewohner ausgehen, soweit das die Quellenlage nur irgend gestattete, wird es dem Leser nicht entgehen, wie sich allmählich zwischen den schlesischen Uradel zur Zeit der böhmischen Herrschaft böhmische Adelsgeschlechter schieben, die im Dreißigjährigen Krieg von Heerführern aus aller Herren Ländern abgelöst werden und nach den Schlesischen Kriegen durch preußische Familien.

Mit dem Beginn des kapitalistischen Zeitalters jedoch tauchen völlig neue Gesichter in den alten Gutshäusern auf. Es sind bürgerliche Verwaltungsbeamte, die sich hocharbeiteten, erfolgreiche Geschäftsleute, Bankiers und Fabrikanten, sächsische, Württemberger und andere Potentaten, die sich in Schlesien ankaufen, auch ein Bremer Senator und die Nachkommen des französischen Ministers Talleyrand waren in Schlesien begütert. Lauter ,,Ostelbier", wie sie durch die Karikaturen geistern?

Gerade in diesem Zusammenhang muß daran erinnert werden, von wem das Gedicht ,,Das Blutgericht" stammt, das die Zustände schildert, die 1844 in Langenbielau zum Weberaufstand führten. Es war ein Rittergutsbesitzer, Eduard Pelz, dem Seifersdorf gehörte und der schon vorher unter dem Pseudonym Treumund Welp ein Buch über die Zustände erscheinen ließ, die eine Generation später Gerhart Hauptmann zu dem Drama ,,Die Weber" inspirierten. Das Gedicht, für das der Rittergutsbesitzer schließlich mit sieben Monaten Festungshaft büßte, beginnt mit den Versen:

,,Die Herren Zwanziger, die Henker sind,
Die Dierig ihre Schergen,
Davon ein jeder Taler schind't,
Anstatt was zu verbergen.
Ihr Schurken all, Ihr Satansbrut,
Ihr höllischen Dämone,
Ihr freßt der Armen Hab und Gut,
Und Fluch wird Euch zum Lohne..."

So schreibt wahrlich kein ,,Ostelbier", ganz abgesehen davon, daß im ,,Westelbischen", etwa in Fabriken an der Saar, das Arbeitsklima wahrlich unsozialer war als auf einem schlesischen Dominium derselben Zeit.

Schloßportal zu Liegnitz.

Das Auf und Ab im Schlösserbau

Wo entstanden überhaupt Schlösser? Zunächst wird man wohl auch in Schlesien sinnvoller Weise besser von Burgen sprechen. Die frühesten hatten – etwa wie Nimptsch – wichtige Straßen oder Pässe zu bewachen oder – wie Dyhernfurth – einen Flußübergang. Der Typ der schlesischen Burg jener Zeit im Flachland war der gedrungene, fast viereckige Wehrbau, von einem Burggraben und Wall, dem bekannten Wallgraben, umgeben. Kaum jemals waren die schlesischen Grenzen wie in anderen Ländern von einer eigenen Burgenreihe geschützt. In Schlesien versah diesen Dienst bis ins 13. Jahrhundert die Preseka, ein dichtes Waldgebiet, das durch Verhaue noch undurchdringlicher gemacht worden war. Eine solche Preseka bestand auch zwischen Ober- und Niederschlesien, bis sie, wie die gegen Böhmen und gegen den Westen westlich des Bobers gerichtete, der sich immer weiter dehnenden Kolonisation zum Opfer fiel. Damals begann man auch in diesem Grenzgebiet befestigte Häuser, eben Burgen, zu bauen.

Ein zweiter ,,Bau-Boom" ergab sich kurz vor dem Dreißigjährigen Krieg, in den ersten beiden Jahrzehnten des 17. Jahrhunderts. Da baute man alte Schlösser um und errichtete neue im Stil der Renaissance, die zum Teil bald wieder in Schutt und Asche sanken. Einer Zeit mühsamen Wiederaufbaues zerstörter Häuser und Güter folgte zu Beginn des 18. Jahrhunderts eine weitere rege Neubautätigkeit – jetzt schon ganz aus dem Geist des Barocks mit schlesischen, böhmischen, aber auch italienischen Baumeistern. Zahlreiche Beispiele dieses ,,österreichischen" Jahrhunderts haben sich bis in unsere Tage in Schlesien erhalten.

Im preußischen Geiste

Nach den friderizianischen Kriegen brach der barocke Überschwang, der den in vielen Gegenden protestantischen Schlesiern ohnehin verdächtig war, plötzlich ab. Es begann nach einem kurzen Übergang von Rokoko-Atmosphäre, die zuweilen deutlich von Sanssouci beeinflußt war, der Klassizismus Schinkels nach Schlesien hineinzuwirken. Zugleich zeigte es sich aber auch, daß die Methoden, die einst die Kolonisatoren Schlesiens zum wirtschaftlichen Erfolg über die slawischen Vorgänger geführt hatten, längst nicht mehr ausreichten, Herrn und Gesinde zu erhalten und dabei möglicherweise gleichzeitig den Wiederaufbau des in den Kriegszügen Friedrichs II. Zerstörten zu leisten und die ausgeblutete preußische Staatskasse zusätzlich neu zu füllen.

Man hatte auf den Gütern seit jeher bescheiden genug gelebt. Nun galt es, sich noch mehr einzuschränken. Den Ansässigen gegenüber verfügten die Generäle, von des siegreichen Königs Huld oft reich bedacht, über die Mittel, ihrem künftigen Ruhestand mit einem wohlfeil erworbenen Schloß oder Rittergut den repräsentativen Rahmen zu geben. Da galten die in unseren Augen so ansehnlichen Renaissancebauten, die mit Glück über den Dreißigjährigen Krieg gekommen waren, auf

Partie von der Gröditzburg.

einmal als veraltet, und die vor wenigen Jahrzehnten errichteten Barockschlösser schienen den Neureichen jener Tage entsetzlich „zopfig". Der Klassizismus, in Berlin von Schinkel so erfolgreich in eine sehr preußische Form gebracht, wirkte mit einem Male auf die Bauten auch der Neuankömmlinge ins gerade eroberte Schlesien ein.

Mit ihnen kam ein neuer Geist in die geruhsame Welt der Rittergüter, dem man nicht ohne Mißtrauen begegnete.

Joseph von Eichendorff erinnert sich

Hören wir dazu als Zeugen den Dichter Joseph von Eichendorff, der 1788 in Lubowitz in Oberschlesien geboren wurde. Er hat jene Zeiten, von denen hier die Rede ist, noch miterlebt.

Ungefähr in der Mitte des 19. Jahrhunderts blickt Eichendorff auf „Deutsches Adelsleben am Schlusse des vorigen Jahrhunderts" zurück und erinnert sich:

„Der Adel überhaupt zerfiel damals in drei sehr verschiedene Hauptrichtungen. Die zahlreichste, gesündeste und bei weitem ergötzlichste Gruppe bildeten die von den großen Städten abgelegenen Gutsbesitzer in ihrer fast insularischen Abgeschiedenheit, von der man sich heutzutage, wo Chausseen und Eisenbahnen Menschen und Länder zusammengerückt haben und zahllose Journale wie Schmetterlinge den Blütenstaub der Zivilisation in alle Welt vertragen, kaum mehr eine deutliche Vorstellung machen kann...

Die große Einförmigkeit wurde nur durch häufige Jagden, die gewöhnlich mit ungeheurem Lärm, Freudenschüssen und abenteuerlichen Jägerlügen endeten sowie durch die unvermeidlichen Fahrten zum Jahrmarkt der nächsten Landstadt unterbrochen. Die letzteren insbesondere waren seltsam genug und könnten sich jetzt wohl in einem Karnevalszuge mit Glück sehen lassen. Vorauf fuhren die Damen im besten Sonntagsstaate, bei den schlechten Wegen nicht ohne Lebensgefahr, unter beständigem Peitschenknall in einer mit vier dicken Rappen bespannten altmodischen Karosse, die, über dem unförmigen Balkengestell in ledernen Riemen hängend, bedenklich hin und her schwankte. Die Herren dagegen folgten in einer sogenannten ‚Wurst', einem langen gepolsterten Koffer, auf welchem diese Haimonskinder dicht hintereinander und einer dem anderen auf den Zopf sehend, rittlings balancierten (Es handelt sich um einen niedrigen Jagdwagen, von dem man schnell nach beiden Seiten absteigen konnte, J.v.G.)."

Winterbälle auf verschneiten Gutshöfen

„Am liebenswürdigsten aber waren sie unstreitig auf ihren Winterbällen, die die Nachbarn auf ihren verschneiten Landsitzen wechselweise einander ausrichteten. Hier zeigte es sich, wie wenig Apparat zur Lust gehört, die überall am liebsten improvisiert sein will und jetzt so häufig vor lauter Anstalten dazu erdrückt wird. Das größte, schnell ausgeräumte Wohnzimmer mit oft bedrohlich elastischem Fußboden stellte den Saal vor, der Schulmeister mit seiner Bande das Orchester, wenige Lichter in den verschiedenartigsten Leuchtern warfen eine ungewisse Dämmerung in die entfernteren Winkel umher und über die Gruppe von Verwalter- und Jägerfrauen, die in der offenen Nebentüre Kopf an Kopf dem Tanze der Herrschaften ehrerbietig zusahen.

Desto strahlender aber leuchteten die frischen Augen der vergnügten Landfräulein, die beständig untereinander etwas zu flüstern, zu kichern und zu necken hatten. Ihre unschuldige Koketterie wußte noch nichts von jener fatalen Prüderie, die doch nur ein Symptom sittlicher Befangenheit ist. Man konnte sie füglich mit jungen Kätzchen vergleichen, die sorglos in wilden und trotzdem graziös-anmutigen Sprüngen und Windungen im Frühlingssonnenschein spielen. Denn hübsch waren sie meist, bis auf wenige dunkelrote Exemplare, die, in ihrem knappen Festkleide, wie Päonien von allzu massiver Gesundheit strotzten.

Der Ball wurde jederzeit noch mit dem herkömmlichen Initialschnörkel eines ziemlich ungeschickt ausgeführten Menuetts eröffnet und gleichsam parodistisch mit dem graden Ge-

Schloß zu Neurode.

genteil, dem tollen ‚Kehraus', beschlossen. Ein besonders gut geschultes Paar gab wohl auch, von einem Kreise bewundernder Zuschauer umringt, den ‚Kosakischen' zum besten, wo nur ein Herr und eine Dame ohne alle Touren, sie in heiter zierlichen Bewegungen, er mit grotesker Kühnheit wie ein am Schnürchen gezogener Hampelmann, abwechselnd gegeneinander tanzten. Überhaupt wurde damals, weil mit Leib und Seele, mit aufopfernder Todesverachtung und Kunstbeflissenheit getanzt, gegen die das heutige, vornehm nachlässige Schlendern ein ermüdendes Bild allgemeiner Blasiertheit bietet. Dabei schwirrten die Geigen und schmetterten die Trompeten und klirrten unaufhörlich die Gläser im Nebengemach, ja zuweilen, wenn der Punsch stark genug gewesen, stürzten selbst die alten Herren, zum sichtbaren Verdruß ihrer Ehefrauen, sich mit den ungeheuerlichsten Kapriolen mit in den Tanz; es war eine wahrhaft ansteckende Lustigkeit. Auf der nächtlichen Heimfahrt durch die gespensterhafte Stille der Winterlandschaft unter dem klaren Sternenhimmel träumten die schönen Kinder selig vor sich hin.

Greiffenstein im 17. Jahrhundert.

Die Glücklichen hausten mit genügsamem Behagen großenteils in ganz unansehnlichen Häusern (unvermeidlich ‚Schlösser' geheißen), selbst in der reizendsten Gegend nicht etwa nach ästhetischem Bedürfnis schöner Fernsichten erbaut, sondern um aus allen Fenstern Ställe und Scheunen bequem überschauen zu können. Denn ein guter Ökonom war das Ideal der Herren, der Ruf einer ‚Kernwirtin' der Stolz der Dame. Sie hatten weder Zeit noch Sinn für die Schönheit der Natur, sie waren selbst noch Naturprodukte....
Gleich mit Tagesanbruch entstand ein gewaltiges Rumoren in Haus und Hof, vor dem der erschrockene Fremde, um nicht etwa umgerannt zu werden, eilig in den Garten zu flüchten suchte. Überall flogen die Türen krachend auf und zu, unter vielem Gezänk und vergeblichen Rufen wurde gefegt, gemolken und gebuttert und die Schwalben, als ob sie bei der Wirtschaft mitbeteiligt wären, kreuzten jubelnd über dem Gewirr. Durch die offenen Fenster schien die Morgensonne so heiter durch das ganze Haus über die vergilbten Familienbilder und die Messingbeschläge der alten Möbel, die jetzt als Rokoko wieder als jung gelten würden....
Man sieht, das Ganze war ein etwas ins Derbe gefertigtes Idyll... Denn diese Edelleute standen in der Bildung nur wenig über ihren ‚Untertanen', sie verstanden daher noch das Volk und wurden vom Volke wieder begriffen..."

Die langweiligen „Intellektuellen"

„In der zweiten Reihe des Adels dagegen standen die Exklusiven, Prätentiösen, die sich und andere mit übermäßigem Anstande langweilten. Sie verachteten die erste Gruppe und wurden von dieser ebenso gründlich verachtet; beides sehr natürlich, denn diese hatten die frischere Lebenskraft, die jene als plebejisches Krautjunkertum bemitleideten, die Exklusiven aber eine zeitgemäßere Bildung voraus, welche von ersteren nicht verstanden oder als affektierte Vornehmtuerei zurückgewiesen wurde. Bei diesen Vornehmen war nun die ganze Szenerie eine andere. Sie bewohnten wirkliche Schlösser, der Wirtschaftshof, dessen gemeine Atmosphäre besonders den Damen ganz unerträglich schien, war in möglichste Ferne zurückgeschoben, der Garten trat unmittelbar in den Vordergrund. Diese Gärten müssen wir uns hier notwendigerweise etwas genauer ansehen. Denn diese Adelsklasse, wie bereits erwähnt, ambitionierte sich durchaus, mit der Zeitbildung fortzuschreiten; und obgleich sie in der Regel nichts weniger als Literaten waren, so konnten sie doch nicht umhin, den Geist der jedesmaligen Literatur wenigstens äußerlich, als Mode, in ihrem Luxus abzuspiegeln...

Jeder wahre Garten aber, sagt Tieck irgendwo ganz richtig, ist von seiner eigentümlichen Lage und Umgebung bedingt, er muß ein schönes Individuum sein und kann also nur einmal existieren.
Und eben dies war auch das Geschick oder vielmehr Ungeschick der damaligen Bewohner jener Schlösser. Sie waren, wie ihre Gärten, nicht eigentümlich ausgeprägte Individuen, hatten auch keine Nationalgesichter, sondern nur eine ganz allgemeine Standesphysiognomie; überall bis zur tödlichsten Langweiligkeit, dieselbe Courtoisie, dieselben banalen Redensarten, Liebhabereien und Abneigungen. Sie waren die Akteurs der großen Weltbühne, die nicht den Zeitgeist machten, sondern den Zeitgeist spielten; das Dekorationswesen der Repräsentation war daher ihr eigentliches Fach und Studium, und bühnengerecht zu sein ihr Stolz. Die alten Kavaliere nebst Haarbeutel und Stahldegen waren nun freilich von der Bühne verschwunden, die neuen aber hatten von ihnen die pedantische Kultur des Anstandes als heiligstes Familienerbstück übernommen...., und so ging ihnen auch ihr Dasein lediglich in einer traditionellen Ästhetik des Lebens auf. Ihre Ställe verwandelten sich in Prachttempel, wo mit schönen Pferden und glänzenden Schweizerkühen ein fast abgöttischer Kultus getrieben wurde, im Innern des Schlosses schillerte ein blendender Dilettantismus in allen Künsten und Farben, die Fräuleins musizierten, malten oder spielten mit theatralischer Geste Federball, die Hausfrau fütterte seltene Hühner und Tauben oder zupfte Goldborten, und alle taten eigentlich gar nichts. Sie hatten sich gleichsam die Prosa des Lebensdramas in ein prächtiges Metrum transferiert, und das ist ihre große negative Bedeutsamkeit, daß sie dadurch allerdings langehin das absolut Gemeine und Rohe unterdrückten und abwehrten.

Die dritte und bei weitem brillanteste Gruppe endlich war die extreme. Hier figurierten die ganz gedankenlosen Verschwender, jene ‚im Irrgarten der Liebe herumtaumelnden Kavaliere‘, welche ziemlich den Zug frivoler Libertinage repräsentierten, der sich wie eine narkotische Liane durch die damalige Literatur schlang. Zu diesem Berufe wurden die jungen Herren schon frühzeitig mit der sogenannten ‚guten Konduite‘ ausgerüstet, d.h. sie mußten bei meist sehr zweideutigen und abenteuernden Strolchen tanzen, fechten, reiten und französisch sprechen lernen. Die Eltern hatten vor lauter feiner Lebensart und gesellschaftlichen Pflichten weder

Freudenschloß bei Görbersdorf.

Zeit noch Lust, sich um die langweilige Pädagogik zu kümmern, die eigentliche Erziehung war vielmehr gewöhnlich gewissenlosen oder unwissenden Ausländern von armer und geringer ‚Extraktion‘ überlassen; die natürlich von ihren vornehmen Zöglingen in aller Weise düpiert wurden....

Nach dergleichen Studien wurden die ‚jungen Herrschaften' mit ihrem autonomen Hofmeister auf Reisen geschickt, um insbesondere auf der Hohen Schule zu Paris sich in der Praxis der Galanterie zu vervollkommnen. Da sie jedoch, bei Strafe der sozialen Exkommunikation, nirgends mit dem Volke, sondern wieder nur in den Kreisen von ihresgleichen verkehren durften, die sich damals überall zum Erschrecken ähnlich sahen, so ist es leicht begreiflich, daß sie alle auf ihren Fahrten nichts erfuhren und lernten und regelmäßig ziemlich blasiert zurückkehrten.
Und ebenso natürlich machten sie nun zu Hause, um nur die unerträgliche Langeweile loszuwerden, die verzweifeltesten Anstrengungen, fuhren mit Heiducken, Läufern und Kammerhusaren zu Besuch, rissen ihre alten Schlösser ein und bauten sich lustig moderne Trianons. So ein Lebenslauf verpuffte rasch wie ein prächtiges Feuerwerk mit Geprassel, leuchtenden Raketen und sprühenden Feuerrädern, bis zuletzt plötzlich nur noch die halbverbrannten dunklen Gerüste dastanden. Das forcierte Lustspiel nahm ein tragisches Ende, dem kurzen Rausche folgte der moralische und finanzielle Katzenjammer...

Ruine Liebenau bei Gottesberg.

Es versteht sich von selbst, daß die Grenzen all jener Gruppen, die hier nur des klaren Überblicks wegen so konzentriert und scharf gesondert wurden, im Leben häufig ineinanderliefen. Am isoliertesten standen wohl die Prätentiösen durch ihre außerordentliche Langweiligkeit, die sie aller Welt als guten Geschmack aufdrängen wollten. Am leichtesten dagegen sympathisierten die erste und dritte Gruppe miteinander, denn die unbefangenen Landjunker besaßen eben noch hinreichenden Humor, um sich an dem Mutwillen und den tollen Luftsprüngen ihrer extremen Standesgenossen zu ergötzen, während die Letzteren beständig das Bedürfnis immer neuer und frappanterer Amüsements verspürten und sich von dem ewigen Nektar nach derberer Hausmannskost sehnten; es bestand zwischen beiden ein stillschweigender Pakt wechselseitiger Erfrischung.
In allen Klassen aber gab es noch Familien genug, die gleichsam mit einem traditionellen Instinkt den alten Stammbaum frommer Zucht und Ehrenhaftigkeit in den Stürmen und Staubwirbeln der neuen Überbildung, wenn auch nicht zu regenerieren, doch wacker aufrechtzuerhalten wußten sowie einzelne merkwürdige und alle Standesschranken hoch überragende Charaktere..."
So weit also Joseph von Eichendorff über die Standesgenossen in seiner Jugendzeit.

Ein neues Zeitalter bricht an

Ein halbes Jahrhundert später hatte sich das Leben auf schlesischen Schlössern schon bedeutsam geändert. Die Landwirtschaft allein konnte Schloßherrn und Gutsleute nicht mehr ernähren, wenn es kein großer Betrieb war oder dieser nicht in ausgesprochen fruchtbarer Gegend, wie dem Schwarzerdegebiet südlich von Breslau, lag. Die Industrie lockte zur Beteiligung und drohte die Landwirtschaft mehr und mehr zu überflügeln.

Wiederum rufen wir einen zeitgenössischen Zeugen auf. Gustav Freytag hat in seinem 1855 erschienenen dreibändigen Roman ,,Soll und Haben" die Situation eines Gutsbesitzers seiner Zeit beschrieben. Wir zitieren eine Szene im Schloß Rothsattel:

,,Das Ordenszeichen das ihm eben verliehen war, Anm. J.v.G.)... warf in die Seele des Freiherrn ein helles Licht, so gleichgültig er sich auch dagegen stellte. Die Glückwünsche seiner zahlreichen Bekannten taten ihm wohl, und seine Selbstachtung erhielt dadurch eine geheime Stütze, deren sie manchmal bedurfte. So fand ihn nach Verlauf einer Woche auch Ehrenthal, ein Händler, als er auf seinem Weg nach einem nahegelegenen Dorf anhielt, nur um dem Freiherrn zu gratulieren. Er hatte bereits seine Abschiedsverbeugung gemacht, als er noch einmal anhielt und die Worte hinwarf: ,Der gnädige Herr hatten früher die Idee, eine Zuckerfabrik aus Rüben anzulegen. Ich höre, es ist jetzt im Werk, eine Kompagnie zu bilden, welche eine solche Fabrik ganz in Ihrer Nähe bauen will, ich bin aufgefordert worden, an dem Geschäft teilzunehmen und wollte doch erst fragen, wie der Herr Baron es noch gedenken zu halten in dieser Sache.'
Dem Freiherrn war die Nachricht sehr unangenehm. Seit Jahren hatte er sich mit dem Gedanken getragen, eine gleiche Fabrik auf seinem Grund und Boden zu errichten, er hatte eine Anzahl ähnlicher Unternehmungen besucht, hatte sich Anschläge machen lassen, mit Technikern verhandelt, ja, er hatte schon den Platz bezeichnet, an welchem das Etablissement am wenigsten unschön gewesen wäre. Er hatte diesen Plan eine Zeitlang mit großem Eifer verfolgt, allmählich war er ihm weniger lockend erschienen. Die Scheu eines vorsichtigen Mannes vor der neuen und noch unsicheren Industrie, die Klagen einiger Bekannten über die Menge der Kosten und vor allem über die Unruhe und vielen Inkonvenienzen, die ein solches Unternehmen in das Leben eines Gutsbesitzers und die Verwaltung seines Gutes bringe, das alles hatte ihn bewogen, das Projekt liegen zu lassen und für die nächsten Jahre eine ruhige Anlage seines Kapitals mit allerdings mäßigem Zinsgenuß vorzuziehen. Jetzt sollte eine Anlage, wie er sich doch für die Zunkunft vorbehalten hatte, von andern ausgeführt werden; es war klar, daß sein eigenes Projekt dadurch zerstört wurde. Denn zwei gleiche Fabriken in unmittelbarer Nähe mußten sich zuverlässig hindern. Geärgert rief er: ,Gerade jetzt, wo ich mir auf einige Jahre die Disposition über die Kapitalien genommen habe.'

Altes Schloß zu Ober-Waldenburg.

,Herr Baron', sagte der Händler mit Herzlichkeit, ,Sie sind ein reicher Mann und angesehen in der Gegend. Wenn Sie erklären, daß Sie selbst anlegen wollen die Fabrik, so geht der Aktienverein auseinander an demselben Tag.' ,Sie wissen, daß ich das jetzt nicht kann', erwiderte der Freiherr unwillig. ,Wenn Sie wollen, gnädiger Herr, so können Sie auch', entgegnete der Händler mit ehrerbietigem Lächeln. ,Ich bin nicht der Mann, der Ihnen zuredet zu solch einer Fabrik. Was haben Sie nötig, Geld zu verdienen? Wenn Sie aber jetzt zu mir sagen, Ehrental, ich will anlegen eine Fabrik, so steht Ihnen Kapital zu Gebot, soviel Sie haben wollen. Ich selbst habe eine Summe von sieben-, von zehntausend Talern vorrätig, Sie können diese erhalten jeden Tag. – Und ich will Ihnen einen Vorschlag tun. Ich schaffe Ihnen das Geld, welches Sie brauchen, zu billigen Zinsen. Für die Summe, die ich selbst Ihnen gebe, lassen Sie mir einen Anteil am Geschäft bis zu dem Tage, wo Sie mir zurückzahlen mein Geld. Für das übrige Geld, das Sie brauchen, bestellen Sie Hypothek auf Ihr Gut, bis Sie zurückzahlen in einigen Jahren die ganze Anleihe.'

Schloß Plagwitz bei Löwenberg vor der Restauration.

Der Vorschlag erschien uneigennützig, ja freundschaftlich, aber der Freiherr fühlte zu lebhaft die große Veränderung, welche ein solches Geschäft in seinem ganzen Leben hervorbringen werde, er sah mit banger Sorge und einem Mißtrauen sowohl gegen sich selbst als gegen Ehrenthal in eine Zukunft von Verwicklungen."

Überschlagen wir jetzt einige Seiten des Romans und lesen wir weiter, wie der Freiherr seinen Entschluß – symbolhaft genug bei einem heranziehenden Gewittersturm – nach langem Zögern endlich seiner Gattin und dem als Leutnant dienenden Sohn bekanntgibt:

„Ich will das Gut befestigen"

„‚Schließe das Fenster', bat die Baronin, ‚das Wetter kommt herauf'. ‚Es wird unserm Hause nichts tun', antwortete der Freiherr beruhigend. ‚Der Blitzableiter steht oben auf dem Dach, er glänzte vorhin hell wie ein Licht durch die dunklen Wolken. Sieh dorthin, wo die Wolken am schwärzesten zusammengeballt sind, dort über der hellgrünen Eiche'. ‚Ich sehe die Stelle', sagte die Baronin. ‚Mache Dich gefaßt', fuhr der Freiherr lächelnd fort, ‘daß ein blauer Himmel dort für immer durch graue Wolken bedeckt wird, dort wird der Schornstein der Fabrik über die Bäume ragen'. ‚Du willst bauen?' frug die Baronin besorgt. ‚Du willst eine Fabrik errichten?' rief der Leutnant vorwurfsvoll.

‚Ja', sagte der Freiherr zu seiner Gemahlin, ‚das Unternehmen wird viel Unbequemes haben für Dich und mich und wird meine Kräfte in jeder Beziehung in Anspruch nehmen. Wenn ich es doch wage, so geschieht es nicht um unseretwillen, sondern für die Kinder, für die Familie. Ich will das Gut befestigen bei unserem Hause, ich will seine Einkünfte so vermehren, daß der Herr dieses Schlosses in der Lage ist, auch für die Zukunft der Lieben zu sorgen, denen er nach dem alten Recht der Erstgeburt und der männlichen Nachfolge das Gut nicht überlassen kann. Es hat mich langen Kampf gekostet, heut' hab ich mich entschlossen'."

Die gut versteckte Zuckerfabrik

Es ist in dem Zusammenhange, in dem wir hier aus Gustav Freytags „Soll und Haben" zitierten, gleichgültig, daß in dieser Schlüsselszene der Beginn des Unterganges der Rothsattel

beschlossen ist. Manch ein Adeliger machte durch den raschen Entschluß sein Glück, zum Unterschied von seinen westfälischen Standesgenossen etwa, die nicht im Traume daran dachten, die immer problematischeren Einkünfte aus der Landwirtschaft durch Industriegewinne zu ergänzen. Daß sie dabei mit mancherlei Vorurteilen und Skrupeln zu kämpfen hatten, erhellt gerade aus dem obigen zeitgenössischen Zitat. Auch daß die Fabrik, zum Unterschied vom Rittergut, dem Schloß gegenüber etwas verdeckt errichtet werden soll, entspricht durchaus dem Fühlen jener Zeit.
Aber indem wir immer wieder von den Männern sprechen, die ein Haus kauften oder verkauften, von den Soldaten, die ihr König mit Schlössern und Gütern in Schlesien bedachte, scheinen die Frauen lediglich als eine schöne Arabeske deren Leben zusätzlich zu manchem anderen bereichert zu haben. Selbst das Zitat, das wir oben aus der Autobiographie Eichendorffs entnahmen, deutet durchaus in diese Richtung. Dennoch ließen sich genug Gegenbeispiele anführen. Sie kommen in der gedrängten Kürze der Bildunterschriften der hier vorliegenden Bände nur nicht genügend zur Geltung.

Schloß Gießmannsdorf bei Löwenberg.

Frauen bewährten sich immer wieder

Schon am Beginn des deutschen Abschnittes schlesischer Geschichte begegnen wir mit Hedwig von Andechs, der Gattin des Piasten Heinrich I. von Schlesien, einer solch imponierenden Frauengestalt. Bald nach ihrem Tode (1243), nämlich 1267, wurde sie auf Betreiben ihres Enkels heilig gesprochen. Nicht von ungefähr. Die Legende hat sich ihrer schon im Mittelalter angenommen, und noch heute wird die heilige Hedwig als Schutzpatronin Schlesiens geehrt.
Legenden ohne Zahl berichteten von ihrem Wirken, das sowohl die Christianisierung Schlesiens wie das Wohlergehen seiner Einwohner nach Kräften zu fördern suchte.
Da zeigte man, stellvertretend für wohl so manche gute, längst vergessene Einzeltat, im Park des Schlosses Dyhernfurth eine Quelle, mit deren Wasser – so will es wenigstens die Legende wissen – die heilige Hedwig Kranke geheilt haben soll.
Eine andere fromme Legende zeigt die Herzogin in der Stunde ihrer tiefsten Not. Ihr Gatte war seit vier Jahren gestorben, ihr Sohn Heinrich II. hatte gerade die Herrschaft aus dessen Händen übernommen und gab zu schönsten Hoffnungen Anlaß. Da wälzte sich 1241 ein mongolisches Heer nach Schlesien herein, eine breite Schneise von Tod und Verderben in das gerade mächtig aufgeblühte Land schlagend.
Die Ritterschaft polnischer und deutscher Zunge stellte sich den Eindringlingen bei Wahlstatt. Was später die beiden Völker scheiden sollte, nationale Auseinandersetzungen, lag noch in ferner Zukunft. Man diente dem Herzog, wie der Herzog für sie sorgte. Auch an diesem Frühjahrstag stand er an ihrer Spitze.
Es heißt, die heilige Hedwig habe an der Stelle, wo sein Leichnam zweischen den toten Rittern gefunden wurde, eine Kirche errichtet. Das ist Legende. Wahr aber ist, daß das Andenken an diese Schicksalsschlacht Schlesiens in der Wahlstatter Kirche weiterhin jeweils am „Kriegssonntag" erneuert

wurde. So blieb es durch die Jahrhunderte, auch in der Zeit, als die Bürger Wahlstatts sich zum Protestantismus bekannten.

Schloßportal zu Kroischwitz bei Bunzlau.

In der Zeit der Gegenreformation erbaute der junge Kilian Ignatz Dientzenhofer, der später Prags wesentliche Barockakzente prägte, von 1723 an die St. Hedwigskirche mit ihren Turmhelmen und Herzogskronen, die der Schweidnitzer Kupferschmied Weiß geschaffen hatte. Das Hochaltarbild von der Hand des Hofmalers Franz de Baker zeigt die Auffindung der Leiche Heinrichs II. Die Kirche, die 1945 Schaden gelitten hatte, ist heute renoviert. In der ehemals evangelischen Kirche Wahlstatts erinnert seit 1961 ein Museum an den Mongolenzug, der hier – nicht durch den Ausgang der Schlacht, sondern wohl durch die Rückberufung des siegreichen Heeres – vor über 700 Jahren sein Ende fand.

Eine Frau harrte aus

Eine andere, über die Familiengeschichte der von Kreckwitz wohl kaum hinausgedrungene Begebenheit, sei hier angefügt, weil sie Wesentliches über das Wesen der Frauen auf diesen schlesischen Schlössern verdeutlicht – wenn auch in besonderer Zuspitzung. Wieder waren es mörderische Zeiten, die diesmal freilich in immer sich wiederholenden Wellen über das Land an der Oder hinwegbrausten.

Man schrieb das Jahr 1628. Seit dreizehn Jahren bewirtschafteten zwei Brüder Kreckwitz die Hinterlassenschaft ihres Vaters Caspar von Kreckwitz, die aus mehreren Gütern bestand. Bei der Teilung von 1628 fiel Heinzendorf im Kreise Guhrau mit Juppendorf, Birkendorf und Reichen an Johann Sigismund, der mit Barbara Juliane, einer geborenen von Rausendorf, vermählt war.

Zwei Jahre später trat Kreckwitz beim Regiment Schaffgotsch in den Dienst des Kaisers. Als aber Glogau den Schweden in die Hand fiel, wechselte er die Front und kämpfte bis zu seinem Tode 1635 im Regiment des schwedischen Obersten von Fels als Rittmeister.

Der Kaiser ließ daraufhin die Güter, die auf 95000 Taler Schlesisch geschätzt wurden, als Strafe für den begangenen Frontwechsel konfiszieren und übergab sie an Hieronymus Graf von Montecuccoli. Frau Barbara Juliane scherte sich den Teufel um die kaiserliche Verfügung und blieb im Herrenhaus von Heinzendorf.

Es starb auch der Graf Montecuccoli, der sich vielleicht nicht sonderlich um Heinzendorf gekümmert hatte, außer daß er auf diesen Besitz Schulden in Höhe von etwa 80000 Gulden aufnahm. Frau Barbara Juliane führte die Verwaltung der

Güter von ihrem Schloß aus wie eh und je. Barbara Gräfin von Montecuccoli erbte Heinzendorf, Barbara Juliane dachte nicht daran, das Herrenhaus zu räumen. Die Witwe Montecuccoli übergab ihre Ansprüche an den Generalfeldwachtmeister und Obersten Raimund Graf von Montecuccoli, von dem der Spruch stammt: „Der Krieg ernährt den Krieg“. Im Heinzendorfer Schloß saß nach wie vor Barbara Juliane von Kreckwitz. Ehe sie nicht ihre Mitgift zurückerhalten und die volle weibliche Abstattung, die ihr zustehe, denke sie keinesfalls daran, Heinzendorf zu verlassen, erklärte sie.
Eines Tages kamen die Schweden und übertrugen Heinzendorf, das für sie als kaiserlicher Besitz galt, höchst offiziell an die Witwe ihres weiland Rittmeisters Johann Sigismund von Kreckwitz. Wobei es auch blieb, denn weder der Kaiser noch sein zuletzt als Reichsfürst und Herzog von Melfi in Linz lebender Feldherr kümmerten sich je wieder um das ferne Heinzendorf in Schlesien.
Diese Geschichte hat einen doppelt glücklichen Ausgang. Die tapfere Barbara Juliane vermählte sich wieder (mit einem von Gersdorff), Heinzendorf fiel ihrem Sohn Gustav Siegmund von Kreckwitz zu und blieb in der Familie Kreckwitz bis 1764.

Schloß zu Kittlitztreben.

Kriegsdienst für viele Herren

Nicht nur die Familie Kreckwitz stellte Soldaten und nicht nur sie dienten mehreren Herren. Es wäre grundsätzlich falsch, darin etwas Verwerfliches zu sehen. So wenig die Kriege vergangener Zeiten als Nationalkriege zu verstehen sind – als die sie heute gelegentlich hingestellt werden – so wenig diente man allein und ausschließlich wie heute dem Heere „seines“ Landes. Man verpflichtete sich, Offizier wie Soldat, einem Kriegsherrn.
In Schlesien, wo man außer unter den Herzögen noch in unmittelbarer Nähe verschiedener Königreiche lebte, gab es vielerlei Möglichkeiten für einen Herrn von Adel, in die Dienste des einen oder anderen Kriegsherrn zu treten.
Ein spätes Beispiel dafür war jener Carl Emanuel von Warnery auf Langenhof, der sich zunächst in österreichischen Kriegsdiensten ausgezeichnet hatte, nach dem Ersten Schlesischen Krieg 1742 in preußische Dienste trat, mit 37 Jahren Chef des preußischen Husarenregimentes Nr. 3 wurde, für seine gegen Österreich bewiesene Tapferkeit nunmehr von Friedrich II. den Pour le mérite erhielt, 1758 als Generalmajor der Kavallerie in königlich-polnische Dienste überwechselte und es bis zum Adjutanten des Königs von Polen brachte.

Man erzählt sich, daß er im Alter gern seinen alten Freund, den Reitergeneral Seydlitz, im benachbarten Minkowsky zu besuchen pflegte, um ihm aus seinen militärischen Schriften vorzulesen. Als von Warnery am 8. Mai 1786, 13 Jahre nach Seydlitz, in Breslau starb, hatte sich diese freizügige Zeit freilich schon ihrem Ende zugeneigt.

Blüchers Grabmal zu Krieblowitz.

Damals lebte – übrigens schon seit 1770 – ein gewisser Offizier Gebhard Leberecht Blücher im Ruhestand, weil Preußen nach dem Siebenjährigen Krieg seine Truppenzahl aus finanziellen Gründen stark verringern mußte. Dieser Blücher, ein gebürtiger Pommer, der sich als Reiterführer in den Revolutionskriegen bei der „Campagne in Frankreich", über die auch Goethe berichtet, durch seinen ungestümen Drang nach vorwärts auszeichnete, ist bereits ein ganz anderer Typ.
Als ihm der preußische Staat aus säkularisiertem Kirchenbesitz Gut und Dorf Krieblowitz schenkte, dazu elf weitere Vorwerke und Forstreviere bei Krieblowitz und östlich Trebnitz, da durfte er, der gegen Napoleon den Übergang über die Katzbach erzwungen hatte und in der Neujahrsnacht 1813/1814 als Oberbefehlshaber der Schlesischen Armee den Rheinübergang, sich bereits Fürst von Wahlstatt nennen. Fortan betrachtete ihn jeder Schlesier, mochte Blücher auch tatsächlich in Rostock geboren sein, als echten, rechten Schlesier. Als er 1819 starb, wollte man über seinem Grab auf der Lindenhöhe beim Gut einen 600 Tonnen schweren Granitblock vom Zobten aufrichten. Der Transport scheiterte zwar an den damaligen technischen Möglichkeiten, auf Befehl König Friedrich Wilhelms IV. wurde jedoch wenigstens ein turmartiges Mausoleum aus Granit vom Zobten aufgeführt.

Schloß in Mittelwalde.

Es waren nicht nur Militärs

Der schlesische, wie wohl jeder „ostelbische" Adelige ist in die Erinnerungen einer wenig informierten Nachwelt als im Kasinoton geistlos schnarrender Rittmeister eingegangen. In der Tat gab es viele Rittmeister a.D. unter ihnen, und wenn er diesen Dienstgrad bei einem Eliteregiment erworben hatte, umso besser!

Es gab aber seit eh und je auch durchaus andere und wesentlich interessantere Individualitäten unter ihnen. Man braucht den durch seine Reisen und Gartenlandschaften bekannt gewordenen Fürsten Hermann von Pückler-Muskau (1785-1871) nur zu nennen, um allgemeine Zustimmung zu erhalten.

Viele andere Namen ließen sich anfügen. So etwa Graf Johann Baptist von Ballestrem, der 1742 mit dem Heer Friedrichs II. erstmals Schlesien betrat – die Ballestrem stammten aus Oberitalien – Maria Elisabeth Auguste von Stechow heiratete und damit seinen Söhnen die Brandenburggrube und die Grube Maximiliane seines Schwiegervaters sicherte.

Altes Schloß zu Klitschdorf vor der Restauration.

Die Ballestrem haben ein Stück Wirtschaftsgeschichte Oberschlesiens geschrieben. Sie erschlossen nicht nur weitere Gruben, sondern schufen auch Eisenhüttenwerke und den ersten modernen Zinkhüttengroßbetrieb. In ihren Diensten stand als Oberamtmann Carl Godulla, der später die Oberleitung sämtlicher Güter und Industriebetriebe der Ballestrem hatte und schließlich selbst zum Großunternehmer, zum oberschlesischen „Zinkkönig" wurde.

Es ginge zu weit, die Entwicklung des Oberschlesischen Industriegebietes hier nachzuzeichnen. Es sei lediglich erwähnt, daß bereits der 1801 geborene Carl Wolfgang von Ballestrem sich auf dem Technischen Institut in Breslau ausbilden ließ, und daß des kinderlosen Carl Godulla Adoptivtochter und Alleinerbin Johanna Gryczik 1858 Hans Ulrich Graf von Schaffgotsch heiratete, wodurch eine weitere, zum Unterschied von den Ballestrem aus dem schlesischen Uradel stammende Familie in der schlesischen Industrie eine wichtige Rolle zu spielen begann.

Die Fürsten Pless seien hier als bedeutendste Adelsfamilie des schlesischen Wirtschaftslebens wenigstens erwähnt. Nicht vergessen sei Amalia Gräfin zu Dohna, die nach dem Tode ihres Gatten im Jahre 1798 in Mallmitz ein Eisenhüttenwerk errichtete, wo 1801 der erste Hochofen angeblasen wurde. Damit begann die rasante Entwicklung eines Heidedorfes zur blühenden Industriestadt, auch wenn die einst gegründete „Marienhütte" 1933 ihre Tore schloß.

„Mutter" der schlesischen Schlösser

Als Mutter aller schlesischen Schlösser und Burgen möchte ich hier unmittelbar vor dem breiten Überblick über viele und mannigfaltige schlesische Herrenhäuser noch die Burg Nimptsch vorstellen. Steckt sie, deren Ursprünge sich im

Dunkel der Jahrtausende verlieren – die ältesten Funde stammen aus der Bronzezeit um 1200 v. Chr. – doch voller Widersprüche. Diese Widersprüche und die aus ihnen entstandenen widersprüchlichen Meinungen scheinen typisch für Schlesien zu sein, das Land der Menschen mit der ,,getuppelten" (gedoppelten) Seele.
Niemczi soll die Stadt ursprünglich geheißen haben. Das bedeutet unzweifelhaft ,,deutsch" in der Sprache der slawischen Bewohner, die hier saßen, als die ersten Kolonisatoren kamen. Also hatten sich im befestigten Nimptsch vielleicht tatsächlich Reste früherer Einwohner erhalten? Oder waren die

Nimptsch.

Träger jener Urnenfelderkultur, die von deutschen Archäologen ,,Lausitzer Kultur" genannt wird, doch am Ende ,,Urslawen", wie polnische Archäologen behaupten? Die Funde schweigen zum lautstarken Streit der Gelehrten zweier Nationen.
Die Lohe fließt an Nimptsch vorüber, heute heißt sie wieder Ślęza wie einst ‚Selenza' als sie nach dem hier siedelnden Stamm der Silinger genannt wurde. Oder ist das der polnische Ausdruck für ,,sumpfige Niederungen", wie andere sagen? Genau wie der Zobten, das Wahrzeichen Schlesiens, der alte Kultberg, der ,,Siling", der über die latinisierte Form ,,Silesia" diesem Land an der Oder den Namen gab?
Es sind Fragen, die offen bleiben. Sie werden weiterbestehen, wie die Steine dieser Burg, die lange als uneinnehmbar galt, allen Stürmen der Zeit zum Trotz. Möglicherweise war sie Gauvorort, lange bevor Breslau existierte. Erst die Hussiten nahmen diese Beschützerin des Weges zwischen Böhmen und Breslau und den dahinter liegenden Städten im Norden ein. Als sie nach sechsmaliger vergeblicher Belagerung 1434 von den Schlesiern erobert wurde, schleifte man ihre Befestigungsanlagen so gründlich, daß sich Nimptsch nie mehr zur einstigen Bedeutung erheben konnte.
Zudem hatten sich die Verkehrswege verlagert. Einen bescheidenen Wiederaufschwung brachte erst das 16. Jahrhundert, aus dem einzelne Häuser noch auf uns gekommen sind. Aber was Braurecht und Marktrecht eintrugen, vernichtete bald wieder der Dreißigjährige Krieg. Eine Kreisstadt irgendwo am Rande des Geschehens war Nimptsch fortan, das in seiner tiefsten Erniedrigung, als 1635 von 103 Grundbesitzern nur zwölf Pest und Feuersturm überlebt hatten, Deutschland den Dichter Caspar von Lohenstein schenkte.
Nach Kräften versucht man zur Zeit in Nimptsch zu retten, was noch zu retten ist. Es tut wohl, das zu sehen, während anderswo so vieles auf immer verloren ist, was man der Nachwelt zu erhalten gewünscht hätte.
Die nachfolgenden Seiten zeigen Zeugnisse für das, was die besondere Atmosphäre Schlesiens ausmachte: nicht das schlesische Leben überhaupt, jedoch einen wesentlichen Teil davon.

Schlesien – Land der Schlösser – Band I

Bilderverzeichnis

Schlesien – Land der Schlösser Band II

Bilderverzeichnis

BANKAU (poln. *Baków*), Kreis Kreuzburg O.S.
Im klassizistischen Stil ist das „Neue Schloß" von Bankau in der Mitte des 19. Jahrhunderts erbaut und 1900 erweitert worden. Das Rittergut Bankau gehörte um 1711 Christoph Heinrich von Seydlitz und Gohlau, es wechselte wie viele schlesische Güter im 18. Jahrhundert wiederholt die Besitzer: 1785 kaufte es Ernst Philipp Graf von Bethusy-Huc von Paul von Salisch.

BANKWITZ (poln. *Bakowice*), Kreis Namslau
Unbekannt sind die Erbauer des Schlosses Bankwitz. Die Form, in der es sich zuletzt präsentierte, stammt vom Umbau des Jahres 1909, als Georg und Dr. Richard Pacully das alte Gebäude gründlich überholen ließen. Zu dem Schloß gehörte die Herrschaft von ca. 2000 Hektar, bestehend aus den Rittergütern Bankwitz mit Vorwerk Böhlitz und Lippe mit Dachsberg, Wenziowitte und der Försterei Gorse.

BANKWITZ (poln. *Bakowice*), Kreis Namslau
Ein Blick in das mit Jagdtrophäen reich ausgestattete Innere des Schlosses Bankwitz. Der Kamin stammt noch aus dem ursprünglichen Bau. Als frühere Besitzer werden im 15. Jahrhundert die Familie von Tschammer, im 16. Jahrhundert die Familie von Beess und im 17. Jahrhundert die Frankenberg genannt. 1862 kaufte es General von Lützow, der es jedoch schon zehn Jahre später an Eduard Lindner verkaufte.

BÄRSDORF-TRACH (poln. *Niedźwiedzice*), Kreis Goldberg-Haynau. Fast zweihundert Jahre befand sich Schloß Bärsdorf-Trach mit den drei Rittergütern Ober-, Nieder- und Mittel-Bärsdorf und Neusorge im Besitz der Rothkirch-Trachschen Familie. Das Schloß, bis 1866 ein einfacher Fachwerkbau, wurde vom Grafen Dorotheus von Rothkirch-Trach im Barockstil ausgebaut und um einen Anbau im Stil der Renaissance erweitert, der Park umgestaltet.

BAUMGARTEN (poln. *Kojętin*), Kreis Strehlen
Erbaut im 17. Jahrhundert durch Graf von Pfeil. Seit 1795 gehörte das Rittergut - zusammen mit Jexau - der Familie von Schickfuß. Der große Park mit einem uralten Baumbestand, durch den die Auffahrt zum Schloß führte, bildete eine Zierde des von Schickfußschen Besitztums. Der Ort selbst war unter dem Namen Koianczin, später Cojazin, schon im Jahre 1293 bekannt.

BECHAU (poln. *Biechów*), Kreis Neisse
Durch fünf Generationen hatte Schloß Bechau der Familie Bohl von Montbach (von 1720 bis 1856) gehört, bis es Antoinette von Montbach ihrem Neffen, Eloi Maria Graf von Matuschka vererbte. Er ließ das zwei Jahre zuvor abgebrannte Anwesen 1863 - 65 durch Baurat Lüdecke, Breslau, im Renaissancestil neu erbauen, sein Sohn ließ es 1904 renovieren und dabei wesentlich vergrößern.

BENESCHAU (*Benešov, ČSSR*), Bezirk Hultschin 1341 saßen auf Schloß Beneschau die Sdraleks, ihnen folgten bis 1590 die Familie Drahotusch und für weitere 110 Jahre die Herren Moschowsky von Morawczin. Der Familie von Lichnowsky-Werdenberg kaufte es der Bankier Lejeune ab, von ihm erwarb es der Wiener Bankier Baron von Rothschild. Von 1920 bis 1938 war es tschechoslowakisch, bis 1945 deutsch und gehört jetzt wieder zur ČSSR.

BERGHOF (poln. *Górzanka*), Kreis Schweidnitz
Bis 1787 gehörte das Schlößchen den Grafen Czettritz und Neuhaus und ging als Erbschaft an die Comtesse Adeleide Albertine über, die später einen Grafen Schweinitz heiratete, Sie vererbte es ihrem Sohn Guido weiter. Als Besitzer des Schlosses werden nach 1900 Thassilo Graf von Schweinitz und Krain sowie Hauptmann Freiherr von Kauder genannt. Wann es erneuert wurde, ließ sich nicht feststellen.

BIELAU (poln. *Biala Nyska*), Kreis Neisse
Obwohl Schloß Bielau durchaus das Gepräge eines größeren Umbaues vom Jahre 1882 zeigt, ist es doch sehr alt und der Überlieferung nach aus einem Kloster hervorgegangen. Im 16. Jahrhundert gehörte Bielau Dipprand Zcettres, der es an Christoph Falkenhain von Krichen verkaufte. Im Jahre 1742 folgte ein Graf Trautmannsdorf, 110 Jahre später Gustav Freiherr von Falkenhausen.

BIELAU (poln. *Biala Nyska*), Kreis Neisse
So modern sich das Schloß äußerlich gab, so deutlich glaubt man doch im „Saal“ mit seinen gotischen Gewölben und Türen die alte klösterliche Vergangenheit des Hauses empfinden zu können. Die Ausstattung war - vom Konzertflügel abgesehen - durchaus dem Barock verpflichtet, Leuchter, Sessel und Ahnenbilder der Familie von Falkenhausen setzten in den gotischen Rahmen jedoch Akzente einer anderen Zeit.

BIELAU (poln. *Biala Nyska*), Kreis Neisse
Ein Blick in den Innenhof. Das Schloß diente 1807, während der Belagerung von Neisse durch die napoleonischen Truppen, General Vandamme als Hauptquartier. Hier spielte auch jene Episode der napoleonischen Kriege, da der General den preußischen Leutnant von Rottenberg erschießen lassen wollte, weil dieser durch einen Brief an den Glatzer Festungskommandanten Hochverrat begangen haben sollte.

BIELITZ (poln. *Bielice Kożnelowskie*), Kreis Freystadt
Das Schloß wurde 1867 durch seinen damaligen Besitzer Oswald Nickisch von Rosenegk völlig neu erbaut, der auch durch den Sorauer Gartendirektor Scholzky den Park anlegen ließ. Bis 1826 befand sich Bielitz im Besitze derer von Glaubitz, darauf wechselten die Eigentümer wiederholt. 1826 kaufte es Raphael Loebel Munk, von dessen Witwe erstand es Reinhold Schulz. 1865 folgten die von Rosenegk.

BISCHDORF (poln. *Biskupice*), Kreis Groß-Wartenberg
Aus einem alten einstöckigen Gebäude ließen um die Jahrhundertwende Landrat von Busse und Freiherr von Buddenbrock-Hettersdorf, durch Umbauten Schloß Bischdorf entstehen, zu dem ein Rittergut von 350 Hektar gehörte. Der Ort selbst wird als Biscupice schon 1329 erwähnt. Bischof Preczlaw von Pogarell verkaufte ihn an Konstanze von Reibnitz, im 18. Jh. saßen hier u. a. die von Frankenberg.

BLUMENAU (poln. *Jedlinka Górna*), Kreis Waldenburg
Das Schloß in Blumenau wurde 1605 erbaut. Man sah dies ihm längst nicht mehr an, jedoch eine Inschrift auf dem Sandsteinportal bezeugte dies. Seine spätere, für ihre Zeit charakteristische Form erhielt es durch einen umfassenden Umbau, den sein damaliger Besitzer Georg von Loesch in den Jahren 1874 bis 1877 durchführen ließ. Er hatte das Rittergut von der Familie von Kayserlingk erworben.

BLUMENRODE (poln. *Kwietno*), Kreis Neumarkt
Das Schloß wurde 1891 bis 1892 von Rittergutsbesitzer und Fabrikant Karl Scheibler völlig neu inmitten eines alten Parkes aufgeführt. Der Ort selbst, zu dem wohl seit alten Zeiten auch ein „Schloß" gehörte, wird bereits 1363 erstmals urkundlich erwähnt. Damals kauften es die Brüder Gawin von Herzog Wenzel, 1499 gehörte Blumenrode einem Hans Brauschitz, der es an die Herren von Landskron veräußerte.

BLUMENRODE (poln. *Kwietno*), Kreis Neumarkt
Nicht minder eindrucksvoll als die Vorderfront war auch die dem Park zugewandte Seite von Schloß Blumenrode. Das Gutshaus, das in historischen Zeiten den Vorgängern des Fabrikanten Karl Scheibler als Wohnstätte gedient hatte, konnte sich mit diesem bei weitem nicht messen. Nur der Park, den sie angelegt hatten, blieb und gab mit seinem alten Baumbestand dem Bau seinen großartigen Rahmen.

BOBERAU (poln. *Bobrów*), Kreis Liegnitz
Lange Jahrhunderte soll das etwa 400 Morgen große Rittergut Boberau, eines der ertragreichsten Güter des Kreises Liegnitz, im Besitz des Liegnitzer Benediktinerstiftes gewesen sein. Zu Beginn des vorigen Jahrhunderts gehörte es einem Herrn Erhardt, der es wohl in der Zeit der Säkularisierung erworben hatte. Zu Beginn des 20. Jahrhunderts wechselten wiederholt die Besitzer, bis es 1909 Fritz Kutter kaufte.

BOLKOBURG (poln. *Bolków*), Kreis Bolkenhain
Über der Kleinstadt Bolkenhain ragt die Bolkoburg als Wahrzeichen auf. Eine Burg soll hier schon um 1239 erbaut worden sein; sie brannte beim Mongoleneinfall 1241 nieder. Herzog Bolko I. errichtete Ende des 13. Jahrhunderts die ältesten Teile der jetzigen Burg, die Bolko II. seiner Tochter Anna und ihrem Gatten Karl IV. von Böhmen verschrieb. Die Hussiten verwüsteten die Burg schwer.

BOLKOBURG (poln. *Bolków*), Kreis Bolkenhain
Von König Wladislaus von Böhmen verpfändet, kam die Bolkoburg über die Tschirnhaus, Salza, Logau und die Zedlitz 1703 schließlich an das Kloster Grüssau. Sie war bereits im Dreißigjährigen Krieg zerstört worden. Im 20. Jahrhundert wurden Einzelteile der Burg erneuert, im Burgzwinger nach 1918 die ,,Bolko-Festspiele". Die Burg überstand den Zweiten Weltkrieg ohne weitere Schäden.

BÖRNCHEN (poln. *Bronów*), Kreis Bolkenhain
Rittergut Börnchen war seit 1756 von Josefa Gräfin von Matuschka an den Kgl. Preußischen Hof- und Justizrat Josef von Mutius verkauft worden. Das Schloß wurde im Jahre 1880 von seinem damaligen Besitzer Ernst von Mutius umgebaut. Ein schöner englischer Park umgab das zweistöckige Schloß, das außerordentlich geräumig und wohnlich schon seit seiner Erbauung angelegt worden war.

BRAUCHITSCHDORF (poln. *Chróstniki*), Kreis Lüben
Die wesentliche Bausubstanz des Schlosses von Brauchitschdorf geht auf die Jahre 1723 bis 1728 zurück; es wurde in den Jahren 1908 bis 1909 erweitert und renoviert. Seine Geschichte beginnt 1222, als ein Bonuslaus von Brauchitsch auch die Pfarrkirche des Ortes gestiftet haben soll. 1249 von den Tataren zerstört, blieb das Gut bis 1259 ohne Besitzer, wo es Herzog Boleslaus dem Ritter Velislaus verlieh.

BRAUCHITSCHDORF (poln. *Chróstniki*), Kreis Lüben
Ansicht von der Parkseite. Der Hohe Mittelgiebel erhob sich früher über einer Durchfahrt. Das ursprüngliche Schloß blieb seit der Verleihung an Ritter Velislaus mehr als vierhundert Jahre im Besitz der Familie von Brauchitsch. Nach den Herzögen von Liegnitz und den Haugwitz, die den Barockbau von Martin Frantz errichten ließen, fiel es an das königliche Haus. 1791 erhielt es ein Herr von Kottwitz.

BRAUCHITSCHDORF (poln. *Chróstniki*), Kreis Lüben
Blick in den Saal des Schlosses Brauchitschdorf, in dem die gesamte Einrichtung den Zweiten Weltkrieg überdauerte. Dann freilich wurde sie und selbst das Parkett nach Rußland geschafft, nachdem es zunächst als Lazarett, später als Quartier für russische Offiziere gedient hatte. Die Grafen von Schmettow hatten es von 1804 bis 1905 besessen und an Rochus von Lüttwitz verkauft.

BRAUCHITSCHDORF (poln. *Chróstniki*), Kreis Lüben
Ein Blick in den „Kleinen Saal" des Schlosses vermittelt einen Eindruck von der stilvollen Einrichtung des Adelssitzes, als einer der ersten Schlesiens unter Denkmalschutz gestellt. Letzter Inhaber war Dietrich von Klitzing, der Brauchitschdorf 1927 erworben hatte, und nach dessen Tod im Jahre 1929 dessen Witwe. Während des Krieges Ausweichquartier der Reichsbahndirektion Breslau.

BRAUCHITSCHDORF (poln. *Chróstniki*), Kreis Lüben
Blick in die Halle 1908/1909, nachdem Freiherr von Lüttwitz es durch den Architekten Grasser hatte modernisieren und um zwei Flügel erweitern lassen. Die Halle zeigt im wesentlichen noch immer das Bild, wie es etwa der Vater des 1806 gefallenen Prinzen Louis Ferdinand vor Augen hatte, der Brauchitschdorf gegen Ende des 18. Jahrhunderts besaß.

SCHLOSS BRECHELSHOF (poln. *Brachów*), Kreis Jauer Wahrscheinlich im 15. Jahrhundert nach seiner Zerstörung durch die Hussiten errichtet. 1811 kaufte es Carl Friedrich Ernst von Richthofen gemeinsam mit Bremberg vom preußischen Fiskus. Der Ort, 1243 erstmals unter dem Namen Brochlovigi erwähnt, wurde damals von Boleslav II. von Schlesien dem Kloster Leubus verkauft. Blücher übernachtete hier nach der Schlacht an der Katzbach (1813).

BRESLAU (poln. Wróclaw), Bischofshof
Im Mittelalter war er ein Fachwerkbau. Erst Ende des 15. Jahrhunderts wurde ein Steinbau errichtet, der im Dreißigjährigen Krieg zugrunde ging. Ein Neubau nach 1664 brannte 1759 völlig aus. Erst nach Ende des Siebenjährigen Krieges begann der Wiederaufbau, der 1769 beendet war. Weiterer Ausbau unter dem Bischof Joseph Christian Fürst Hohenlohe ab 1795.

BRESLAU (poln. *Wróclaw*), Königliches Schloß
Der älteste Teil des Schlosses war der Mittelbau hinter dem späteren eigentlichen Schloß. Dieser Teil, nach dem Siebenjährigen Krieg von Friedrich II. erbaut, zeigte mit der Schmalseite zur Carlsstraße. Später wurden zwei Flügel angefügt, die den Schloßhof umrahmten, und 1846 nach Plänen von Stüler der Trakt gegen den Exerzierplatz (unser Bild), der nur noch teilweise als Ruine erhalten ist.

BRIEG (poln. *Brzeg*), Piastenschloß
Als Herzog Heinrich III. von Breslau um 1250 das polnische Visokebreg zu Neumarkter Recht aussetzte, stand hier bereits eine Burg. Der Piast Friedrich II. und dessen Sohn Georg II. ließen von 1544 an nach den Plänen der Italiener Jacobo Pahr und Bernardo Niuron das Renaissancenschloß erbauen. 1741 bereits einmal zerstört, wurde es als Behördenbau benützt, brannte 1945 aus; weitgehend restauriert.

BROCKAU (poln. *Brochów*), Kreis Breslau
Bis zur Säkularisierung des Jahres 1810 gehörte das Rittergut Brockau den Augustinern auf dem Sande zu Breslau, die auch das Schloß 1733 erbauen ließen. Es kam durch Kauf 1834 an Heinrich Walter; dessen Enkel, der es 1900 erbte, ließ den Westbau an das Schloß anfügen und führte auch sonst Umbauten und Renovierungsarbeiten daran durch. Das Dorf Brockau wurde 1950 nach Breslau eingegliedert.

BRONAU (poln. *Bronów*), Kreis Guhrau
Das ursprünglich im italienischen Villenstil erbaute Herrenhaus war Alexander von Winterfeld zu klein, als er es 1892 von Carl Bandelow erwarb. Er ließ es daher erheblich vergrößern und umbauen, ehe er einzog. Ein Herr von Massow wird um 1830 als Besitzer des Rittergutes, zu dem das Vorwerk Groß-Saul gehörte, in einer Urkunde genannt. Das Schloß war mit uraltem Baumbestand umgeben.

BRUNZELWALDAU (poln. *Broniszów*), Kreis Freystadt
Mit Wallgraben und Ringmauern umgeben, geht es bis ins 13. Jahrhundert zurück. Mehrere Jahrhunderte war es zusammen mit Altenau Besitz der Kottwitz. 1731 besaß es Herr von Skronsky. Durch Erbschaft kam es an die Familie von Aulock, von der es 1839 August Freiherr von Tschammer und Quaritz auf Quaritz erwarb. 1948 wurde dessen Nachkomme aus dem unzerstört gebliebenen Schloß ausgewiesen.

CAMENZ (später Kamenz, poln. *Kameniec Ząbkowicki*), Kreis Frankenstein. Herzog Břetislav II. von Böhmen erbaute nach Zerstörung der Grenzfeste Brido (Wartha) weiter abwärts der Neiße auf einem Felsplateau die Burg Kamenz (Kamen-Stein). Die alteingesessene Adelsfamilie der Pogarell errichtete 1210 mit dem Breslauer Bischof eine Augustiner-Probstei, deren erster Probst Vinzenz von Pogarell wurde. Ab 1246/1248 wurden hier Zisterzienser eingesetzt.

CAMENZ (später Kamenz, poln. *Kameniec Ząbkowicki*), Kreis Frankenstein. Kamenz gehörte den Zisterziensern bis zur Säkularisierung 1810. Die Stiftsgüter erwarb 1812 Prinzessin Friederike Luise Wilhelmine von Preußen, später Königin der Niederlande. Prinzessin Marianne der Niederlande, verheiratet mit Prinz Albrecht von Preußen, erbte Kamenz. Da das Klostergebäude 1817 abgebrannt war, wurde auf dem Hertaberg von K.F. Schinkel das neue Schloß gebaut.

CAMENZ (später Kamenz, poln. *Kameniec Ząbkowicki*), Kreis Frankenstein. Die Bauarbeiten dauerten von 1839 bis 1873. Es zeigte den damals bei Repräsentationsbauten sehr beliebten neugotischen Stil. Zu dem Schloß gehörte ein ungefähr 470 Morgen großer Park, der prächtige Durchblicke in die Berglandschaft der Umgebung bot. Das Schloß wurde 1946, nachdem die Innenausstattung beseitigt war, in Brand gesteckt und ist seither Ruine.

CAMENZ (später Kamenz, poln. *Kameniec Ząbkowicki*), Kreis Frankenstein. Ein Blick in den gotischen Festsaal des Schlosses, das Baumeister Martius nach Schinkels Plänen erbaute. Vor dem Ersten Weltkrieg residierte hier Prinz Friedrich Wilhelm von Preußen, offiziell Landrat des Kreises Frankenstein. Bei Ausfahrten in seiner sechsspännigen Kutsche benutzte er Rappen; seine Gattin pflegte mit einem Sechsergespann Schimmel zu fahren.

CAMENZ (später Kamenz, poln. *Kameniec Ząbkowicki*), Kreis Frankenstein. Blick in die Halle des Schlosses. Zum Unterschied von dieser der Vergangenheit zugewandten Kulisse hatte sich der Ort zu einem Eisenbahnknotenpunkt entwickelt, nachdem 1875 die Linie Breslau–Mittelwalde–Prag, 1876 die Linie Liegnitz–Kamenz–Neisse und 1900 die Lokalbahn Kamenz–Reichenstein eröffnet worden waren. Die Einwohnerzahl stieg von 988 (1784) auf 3884 (1970).

CAMMELWITZ (1939 Kammelwitz, poln. *Kęblów*), Kreis Steinau a.O. Das Schloß verdankt sein Aussehen einem Umbau durch Bruno Schön von Mutzenbecher im Jahre 1897. Er hatte Rittergut und Schloß , die noch zu Beginn des 19. Jahrhunderts einem Herr von Biela gehört hatten, im Juli 1889 von der verwitweten Frau von Masow geb. von Biela erworben. Der Bau hatte durch die Änderungen gewonnen. Den alten Baumbestand hatte man belassen.

CARLSRUHE (poln. *Pokój*), Kreis Oppeln
Schloß Carlsruhe gehörte den Königen von Württemberg. Herzog Carl Christian Erdmann von Württemberg-Oels erbaute es 1747. Die Bauart mit dem Schloß im Mittelpunkt, den acht Kavaliershäusern, die es umgaben, und den strahlenförmig auseinanderstrebenden Alleen erinnert an die Fächerstadt Karlsruhe in Baden. Im Theater wirkte C. M. von Weber 1806/1807 als Kapellmeister. 1945 vernichtet.

CAROLATH (poln. *Siedlisko*), Kreis Glogau
Die hauptsächlich zwischen 1597 und 1618 errichtete Residenz des früheren Fürstentums Carolath–Beuthen–Schönaich stand am rechten Steilufer der Oder. Fabian von Schönaich erwarb Carolath 1560. Georg von Schönaich kämpfte in der Schlacht am Weißen Berg 1618 auf Seiten des Winterkönigs, den er während dessen Flucht beherbergte. Dafür schloß der Kaiser die von ihm gegründeten Lehranstalten.

CAROLATH (poln. *Siedlisko*), Kreis Glogau
Torhaus und Fußgängerpforte des Schlosses; die Brücke davor ist mit Rokokofiguren geschmückt. Das Torhaus wurde 1611 errichtet. Mit dem linken Trakt blieb es erhalten, als Schloß Carolath bei Kriegsende stark beschädigt wurde. Polnische Pfadfinder richteten diese Gebäudeteile in den sechziger Jahren wieder her und benützen sie seither. Auch die Schloßkapelle ist inzwischen wieder instandgesetzt worden.

CONRADSWALDAU (1939 Konradswaldau, poln. *Wroninice*), Kreis Guhrau. 1602 durch Caspar von Kreckwitz erbaut. Von 1746 bis 1781 waren die Herren Haake, gelegentlich auch ,,von Hocke" genannt, Eigentümer, darauf die Herren von Richthofen, nach ihnen – bis 1846 – Graf Viktor von Matuschka. Von da an besaß das Schloß die Familie von Unruh (zum erstenmal 1297 urkundlich als ,,Unrmoe").

CONRADSWALDAU (1939 Konradswaldau, poln. *Mrowiny*), Kreis Schweidnitz. Es trug das Gesicht, das ihm Kommerzienrat von Kulmiz 1870/1871 geben ließ. Wahrscheinlich stammte der Bau aus dem 16. Jahrhundert. Seit 1297 wird Conradswaldau immer wieder erwähnt. Sein erster Besitzer hieß Tyzcho, es folgten u. a. die Herren von Schellendorf, bis zum Dreißigjährigen Krieg die von Adelsbach, die Grafen von Nostitz und die von Knobelsdorff.

CORITAU (1939 Koritau, poln. *Kostów*), Kreis Glatz
In seiner endgültigen Form stammt das Schloß aus dem Jahre 1711 und hatte ein bewegtes Schicksal. Dreimal vernichtet: 1585 durch Blitzschlag, 1622 und 1649 durch Brandstiftung. Die Besitzer wechselten öfters. Im 16. Jahrhundert gehörte es der Kammer, wurde 1577 zur Bestreitung der Kriegskosten gegen die Türken vom Kaiser an die von Falkenhayn verkauft und gehörte von 1857 an den Grafen Pilaty.

COSTAU (1939 Kostau, poln. *Kostów*), Kreis Kreuzburg
Im wesentlichen geht das Schloß auf das Ende des 18. Jahrhunderts zurück, der Turm jedoch auf das Ende des 19. Jahrhunderts. Friedrich Freiherr von Strachwitz ließ es erbauen, der das Rittergut von Hans von Frankenberg und Proschlitz erworben hatte. Die Frau des Generals Dejanicz von Gieszczinska geb. Schmakowsky kaufte es später und veräußerte es an Franz Graf von Ballestrem, der den Turm anfügen ließ.

CUNZENDORF (1939 Kunzendorf, poln. *Chichy*), Kreis Sprottau. Die ursprüngliche Schloßanlage ist uralt. Der Wallgraben, der es umgab, wurde um 1733 beim Umbau durch die von Knobelsdorff an zwei Seiten des Hauses zugeschüttet. 1840 ließ Fabian Graf zu Dohna, dessen Vater 1804 das Rittergut gekauft hatte, auch den hinteren Schloßflügel im Stil des vorderen ausbauen. Seine Witwe verkaufte das Schloß 1882 an ihren Schwiegersohn Oskar von Diebitsch.

DAHSAU (poln. *Daszów*), Kreis Wohlau/Guhrau
Erstmals wird Dahsau 1309 urkundlich erwähnt. 1563 verkaufte es die alte Familie Lassote an Oswald von Tschammer. Der Besitz blieb bis 1784 in dieser Familie. Für neun Jahre folgten die Lieres, dann die Adelstein und von 1829 an Carl Ludwig Ferdinand Friedel. Der älteste Teil des Schlosses stammt aus dem 16. Jahrhundert, 1735 wurde ein Anbau ausgeführt, wie die Jahreszahl am Schloßportal verkündet.

DALKAU (poln. *Dalków*), Kreis Glogau
Eine interessante L-Form wies dieses Schloß auf. Das Rittergut gehörte um 1742 den Freiherren von Glaubitz, Hans Gottlieb von Stosch vereinigte sie mit Samitz. Dessen Tochter heiratete 1788 August Gottlieb von Liebermann. Ihr Sohn August Carl Friedrich Leopold, Gesandter am russischen Hof, hinterließ es seinen Brüdern, die es 1849 an Kommerzienrat Heimann verkauften; ihm folgte R. von Hindersin.

DAMBRITSCH (poln. *Dębice*), Kreis Neumarkt
An der Stelle eines von 1795 stammenden Schlosses ließ der Fabrikbesitzer Kurt Scheibler auf Blumenrode das neue Schloß Dambritsch 1906/1907 bauen, nachdem er 1904 das Rittergut erworben hatte. Zu den Vorbesitzern gehörten bis 1627 die von Ecke, darauf die von Werthenstein, die Grafen Schlabrendorf, die Grafen Burghauss, ein Herr von Pertkenau, der das alte Schloß erbaut hatte u.a.m.

DAMSDORF (poln. *Damianowo*), Kreis Striegau

Als ,,villa Damiani" wird Damsdorf 1305 erstmals erwähnt. 1576 sind Melchior Vietor und ,,der Schellendorfer" Herren auf Damsdorf. Das Schloß war früher zur Hälfte mit einem Wallgraben versehen und grenzte an ein vor 200 Jahren abgebranntes Gehöft. Das Rittergut wurde 1801 von Frau von Stange an Karl Andreas Samuel Freiherrn von Richthofen verkauft und blieb seitdem im Besitz dieser Familie.

DEUTSCH-JÄGEL (poln. *Jagielno*), Kreis Strehlen
Im 15. Jahrhundert gehörte Deutsch-Jägel den als Raubritter gefürchteten Herren von Borsnitz, die gemeinsam mit den Czirn vom Romsberge (Rummelsberg) und dem Gotsche Schof von Tepliwoda (Schaffgotsch) die Gegend unsicher machten. 1443 wurde die Burg gebrochen und kam an die Pogarells, die sie neu aufbauten. Mitte des 18. Jahrhunderts gehörte Deutsch-Jägel Generalleutnant von Treskow.

DEUTSCH-JÄGEL (poln. *Jagielno*), Kreis Strehlen
Schloß Deutsch-Jägel wurde wiederholt umgebaut. Freiherr von Dalwig, der es 1889 von Gebhard von Bayern erwarb, fügte an den Mittelbau zwei Seitenflügel und den „Venezianischen Anbau" an. 1907 - 1908 wurde das Schloß durch dessen Nachfolger, den Grafen Franz von Ballestrem, umgebaut und vergrößert. Zu den Vorbesitzern gehörten u.a. die von Reibnitz, Hofereller und von Paczensky und Tenczin.

DEUTSCH-WARTENBERG (poln. *Otýn*), Kreis Grünberg/Neusalz. Den Zusatz „Deutsch" führte der Ort erst ab etwa 1788. Grundherrschaft waren im 15. Jahrhundert die von Zabeltitz. 1488 ließ Herzog Johann II. von Liegnitz zwei Brüder Zabeltitz enthaupten und zog die Güter ein. Von ihm kamen sie an die böhmischen Könige, danach die von Rechenberg. Die Jesuiten (ab 1649) bauten das barocke Schloß, später Talleyrand-Perigord. 1945 teilweise zerstört.

DIEBAN (poln. *Dziewin*), Kreis Wohlau
Als „habitaculum“ des Herzogs Boleslaus II. erstmals im Gründungsbuch des Klosters Heinrichau erwähnt. Zu Beginn des 16. Jahrhunderts verkauften die Zedlitz Dieban an den damaligen Landesherrn aus dem Hause Podiebrad. Nach den von Kanitz (ab 1508) kam es durch Tausch an die von Schweinitz. Das Schloß stammt aus 1558 bis 1568. Porzellansammlung, wertvolle Bibliothek.

DIEHSA (heute DDR), Kreis Rothenburg
Nicht allzu viel blieb vom Aussehen des Schlosses, als Friedrich von Martin die Herrschaft Diehsa-Quitzburg 1903 von Ludwig Rudolf Graf von Zech-Burkersroda erwarb und das Herrschaftshaus im Geschmack der damaligen Zeit umbaute. In der Reihe der Vorbesitzer befinden sich auch die Grafen von Einsiedel, die die unmittelbaren Vorgänger der Herren von Martin auf Schloß Diehsa gewesen waren.

DIEHSA (heute DDR) , Kreis Rothenburg
Hier wird das Schloß nochmals aus einem anderen Blickwinkel gezeigt (nach dem Umbau von 1903). Der Kreis Rothenburg, in dem Diehsa liegt, gehört zur Oberlausitz und kam nach dem Zweiten Weltkrieg als einziger schlesischer Kreis zur Gänze an die Deutsche Demokratische Republik. Diehsa hatte im Laufe der Geschichte wiederholt zwischen Sachsen und Schlesien hin- und hergewechselt.

DOBRAU (1936 Burgwasser, poln. *Dobra*), Kreis Neustadt Schloß Dobrau wurde vom Reichsgrafen Erdmann Karl von Roedern, dem Sohne des friderizianischen Kriegsministers, 1750 in französischem Stil erbaut und dreißig Jahre später an die Grafen Seherr-Thoss verkauft. Diese ließen es von Baumeister Gottgetreu in gotisierendem Stil so umbauen, wie es sich bis ins zwanzigste Jahrhundert erhielt. 1945 brannte es aus und ist seither Ruine.

DOBRAU (1936 Burgwasser, poln. *Dobra*), Kreis Neustadt
Besonders eindrucksvoll präsentierte sich der Park von Schloß Dobrau den Besuchern mit seinem uralten Baumbestand und dem reichen Besatz an Fasanen, die hier gehalten wurden. Je tiefer man in ihn hineinging, umso romantischer wurden seine Anlagen, bis die sorgsam gehegten Wege schließlich in einen Forst mit einem Mischbestand von Fichten, Buchen und uralten Eichen übergingen.

DOBRAU (1936 Burgwasser, poln. *Dobra*), Kreis Neustadt
Ein Blick in den repräsentativen Festsaal. So wie er in seiner alten Form ab 1780 Heinrich Leopold Graf zu Seherr-Thoss, dem Oberlandmundschenk im Herzogtum Schlesien, zur Wahrnehmung seiner vielfachen gesellschaftlichen Verpflichtungen gedient hatte, so diente er nach dem Umbau dessen Enkel, dem Landrat, und dessen Nachkommen bis in die bewegten Jahre des 20. Jahrhunderts.

DOMBROWKA (1934 Eichtal, poln. *Dąbrówka Górna*), Kreis Oppeln. Ursprünglich Eigentum des Herzogs von Oppeln. Bis 1705 gehörte das Schloß den Grafen von Rogoisky. Der Sohn des Generals Georg Ludwig von Dalwig kaufte es 1806 mit Mitteln aus den Dotationsgeldern seines Vaters. Nach 1849 wechselten die Besitzer häufig, bis es 1891 an Walter von Teichmann und Logischen kam, der es 1907 umbauen ließ.

DOMBROWKA (1934 Eichtal, poln. *Dąbrówka Górna*), Kreis Oppeln. Terrassenförmig senkt sich der Park zur Oder hinab. Hier entsprang eine Quelle, an der die heilige Hedwig wunderbare Krankenheilungen bewirkt haben soll. Der Volksmund nannte sie „Hedwigsquelle". Das Schloß war um 1100 von den Herzögen von Oppeln zum Schutz des Oderüberganges errichtet worden. Graf Mansfeld ließ es 1634 zerstören. Um 1700 wiedererrichtet.

DYHERNFURTH (poln. *Brzeg Dolny*), Kreis Wohlau
Hier von der Parkseite gezeigt, gehörte das Schloß von 1355 bis 1478 den Herren von Haugwitz und anschließend den Falkenhayn. Schließlich erwarb es Georg Abraham Freiherr von Dyhern. 1662 beantragte er für die Siedlung, die damals Brzeg hieß, beim Kaiser das Stadtrecht, dessen Verleihung zugleich mit der Namensgebung Dyhernfurth 1665 erfolgte. Dazu erhielt er ein Buchdruckerprivileg.

DYHERNFURTH (poln. *Brzeg Dolny*), Kreis Wohlau
Offensichtlich nach dem Vorbild eines Loire-Schlosses um 1850 umgestaltet. Damals gehörte es der Gräfin von Lazarew-Hoym, geb. Prinzessin von Kurland. 1770 kaufte eine Freiin von Dyhern, Gräfin von Hoym, die Herrschaft und überließ sie ihrem Gatten, dem Staatsminister von Hoym. Bis 1945 gehörte die Herrschaft den Grafen von Saurma-Hoym.

ECKERSDORF (poln. *Biestrzykowice*), Kreis Namslau
Die im nördlichen Teil des Schlosses liegende Küche dürfte den ältesten Teil des Schlosses bilden; sie geht auf das 15. Jahrhundert zurück. Der ältere Bau war durch Brand zerstört worden. Das große Herrenhaus stammt wahrscheinlich aus dem Beginn des 18. Jahrhunderts, als es Hans Adam Posadowsky Freiherrn von Postelwitz gehörte. Zu Beginn unseres Jahrhunderts besaß es die Familie von Garnier

ECKERSDORF (poln. *Borków*), Kreis Neurode
Die Herrschaft Eckersdorf erstreckte sich von der Hohen Eule bis zum Glatzer Schneegebirge. Das Gut wurde 1663 durch den Landeshauptmann der Grafschaft, Reichsgraf Johann Georg von Goetzen, erworben. 1771 starb sein Geschlecht aus, es erbte der Neffe des letzten Namensträgers Alexander von Magnis. Das Schloß brannte 1870 ab und wurde darauf in der hier gezeigten Gestalt wiedererrichtet.

ELSENBURG (poln. Gem. *Wielka Lipa*), Kreis Trebnitz
Da das alte Herrenhaus Elsenburg von Groß-Leipe 1899 ganz zu verfallen drohte, wurde es vom damaligen Besitzer Alfred von Waldenburg-Würben völlig neu errichtet. Im Dreißgjährigen Krieg gehörte es den Pannewitz, von deren Familie ein Mitglied in diesem Krieg den Tod fand. Später saßen hier die Kottulinsky , die von Prittwitz und Gaffron, von Ramin, von Riedel und Löwenstern.

ENDERSDORF (poln. *Jędrzejów*), Kreis Grottkau
Endersdorf soll nach der Überlieferung eine Deutschritterkommende gewesen sein. Seine endgültige Gestalt erhielt das Schloß 1882 durch den damaligen Besitzer Harry Graf von Francken-Sierstorpff, der Turm und Seitenflügel an den ursprünglich würfelförmigen Bau anfügen ließ. Sein Vater hatte die Herrschaft 1849 erworben. Die Herrschaft, zu der sechs Rittergüter gehörten, umfaßte 6000 Morgen.

FALKENBERG (poln. *Niemodlin*), Kreis Falkenberg
Ursprünglich im Besitz der Herzöge von Oppeln-Ratibor, kam es 1313 nach dem Tode von Herzog Bolko I. an dessen Sohn Bolko, der 1314 als Herzog Bolko I. von Falkenberg erwähnt ist. Am 13. März 1428 von den Hussiten geplündert. 1552 hatten drei Brüder von Reibnitz die Herrschaft in Pfandbesitz. Im Erbgang gelangte sie schließlich an die Grafen von Zierotin und 1779 an die Grafen Praschma.

FALKENBERG (poln. *Niemodlin*), Kreis Falkenberg
Nachdem das Schloß bereits 1589/1592 und am Ende des 18. Jahrhunderts umgebaut worden war, wurden 1869 die Einfahrt von der Stadtseite mit dem Torturm neu aufgebaut und 1870 der Balkon mit der Freitreppe und der Säulenhalle an der Südseite des Schlosses aufgeführt. Graf Friedrich Praschma hatte schon nach 1800 den Wallgraben zuschütten und die nach dem Hof zu offenen Bogengänge verglasen lassen.

FISCHBACH (poln. *Karpniki*), Kreis Hirschberg
Am Fuß des Burgberges, auf dem die Burg Falkenstein bis ins 15. Jahrhundert bestand, wurde ein Wasserschloß angelegt, das 1438 von Cuncz von Predel an Cuncze Bieler von Reichenbach verkauft wurde. Später wird hier ein Hans I. Schoff (Schaffgotsch) genannt. Auch das Kloster Grüssau besaß Fischbach zeitweilig. Schließlich gehörte es dem Großherzog von Hessen. Heute beherbergt es eine Anstalt für Geisteskranke.

FRANKENTHAL (poln. *Chwalimierz*), Kreis Neumarkt · Inmitten eines alten Parks präsentiert sich hier Schloß Frankenthal, dessen Bau freilich wesentlich jünger war als die Bäume, die ihn umgaben. Erst 1884 bis 1885 hat Georg von Kramsta das Schloß in der damals so beliebten Nachahmung des Renaissancestiles errichten lassen. Er hatte Frankenthal 1882 von den von Wiedebach-Nostitz-Erben erworben, dessen Familie es seit etwa 100 Jahren gehörte.

FRANZDORF (poln. *Frączków*), Kreis Neisse
Landrat Alexander Graf von Francken-Sierstorpff kaufte 1863 die Herrschaft Franzdorf, bestehend aus den Rittergütern Franzdorf, Kutschdorf und Natschkau, von seinem Oheim Erdmann von Gilgenheimb, in dessen Familie der Besitz durch Erbschaft etwa um 1720 gekommen war. Das Schloß ließ sein Sohn Alexander vergrößern. Von ihm erbte es 1907 dessen Bruder Harry.

FRIEDENTHAL (1939 Großgiesmannsdorf, poln. *Góswinowice*), Kreis Neisse. Das gleichnamige Rittergut gehörte in der Mitte des 18. Jahrhunderts einem I. C. von Frobel, der es 1776 an den Landrat von Arnold verkaufte. Das aus dem 18. Jahrhundert stammende Herrenhaus ließ Dr. Carl Rudolf Friedenthal im Besitz von dessen Familie es seit 1837 war, 1860 um den Saal an der Westseite und um den Ostflügel vergrößern.

FROHNAU (poln. *Wronów*), Kreis Brieg
Schloß Frohnau, das Alexander von Schalscha im Jahre 1867 vom Kammerherrn Engelbert Freiherr von Fürstenberg kaufte, hatte noch zu Beginn des vorigen Jahrhunderts einem Leutnant Reinhart gehört. Da das Schloß für die Ansprüche seines Besitzers zu klein war, ließ es Emanuel von Schalscha 1907 umbauen und wesentlich vergrößern. Die Arbeiten leitete der Dresdner Architekt Robert Weber.

FROHNAU (poln. *Wronów*), Kreis Brieg
Der Blick in den Salon zeigt, wie schon die Außenansicht auf der vorhergehenden Tafel, erste Einflüsse des damals aufkommenden Jugendstils, dem Architekt Weber, der Herausgeber des Bildwerks „Schlesische Schlösser", trotz seiner Beschäftigung mit der Baugeschichte in seinen eigenen Renovierungsarbeiten ungehemmt huldigte. Auch traditionsbewußte Schloßbesitzer wollten modern leben.

FÜRSTENSTEIN (poln. *Ksiaż*, Gem. Liebichau/*Lubiechów*), Kreis Waldenburg. Herzog Bolko I. von Schweidnitz erbaute die Burg, damals „Fürstenberg" genannt. Erst 1393 ist „Fürstenstein" bezeugt. 1445 wird Hermann von Czettritz als Besitzer erwähnt. Seine Söhne verkauften 1464 an Georg von Podiebrad. Conrad Ernst Maximilian, der erste „Hochberg", renovierte ihn nach dem Dreißigjährigen Krieg.

FÜRSTENSTEIN (poln. *Ksiaż*, Gem. Liebichau/*Lubiechów*), Kreis Waldenburg. 1847 erbte Hans Heinrich Reichsgraf von Hochberg Pless und wurde 1850 in den Fürstenstand erhoben. Der Majoratsbesitz umfaßte etwa 10.000 Hektar, dazu kamen Bergwerke und Bad Salzbrunn. Da der letzte Fürst von Pless emigrierte, wurde das Schloß beschlagnahmt. Nach 1945 geplündert, die Gartenanlagen vollständig verwüstet. Jetzt bestehen Pläne zu einer neuen Nutzung.

FÜRSTENSTEIN (poln. Ksiaż, Gem. Liebichau/*Lubiechów*), Kreis Waldenburg. Ein Blick in den Rokokosaal des Schlosses Fürstenstein. Die Einrichtung einschließlich der kostbaren Parkettböden muß nach der Beschlagnahme durch Gauleiter Hancke und die späteren Plünderungen als verschollen gelten. Man hatte während des Krieges auch versucht, von der Organisation Todt in den Felsen unterhalb Fürstenstein Kavernen für ein Führerhauptquartier einzubauen.

GALLOWITZ (1937 Gallen, poln. *Galowice*), Kreis Breslau 1202 bestätigte Bischof Cyprian von Breslau dem Leubuser Kloster den Zehnten von Gallowitz. Erster Besitzer war Heinrich von Lebyrstein. 1681 kaufte es Anna Magdalena von Kottulinsky für 12.000 Taler Schlesisch und 300 Reichstaler Schlüsselgeld. 1826 zahlte Stadtrat Heymann für das Gut schon 51.500 Taler, 1847 Emil Otto von Lieres 65.000. Das Schloß wurde 1894 umgebaut.

GELLENAU (poln. *Jeleniów*), Kreis Glatz
Seit 1788 war Gellenau Familienbesitz des von Mutiusschen Geschlechts. Soweit bekannt, gehörte das Untergeschoß zum ältesten Teil des Gebäudes. Es dürfte um 1600 erbaut und später um ein Stockwek erhöht worden sein. Erst sehr viel später, in der Hälfte des 18. Jahrhunderts, kam der rechte Flügel dazu. Der linke und der malerische Turm wurden hundert Jahre später angebaut.

GLAMBACH (poln. *Głęboka*), Kreis Strehlen
Um 1451 gehörte das Rittergut der Familie von Wentzky und Petersheyde. Nach einer hundertjährigen Unterbrechung kam die Familie nochmals in den Besitz von Glambach. 1897 verkaufte die verwitwete Anna von Wentzky schließlich das Familiengut an Max Graf von Saurma. Das 1521 erbaute Herrenhaus wurde 1785 und 1910 umgebaut und jeweils gründlich renoviert.

GLÄSEN (poln. *Klisino*), Kreis Leobschütz

Das Rittergut Gläsen gehörte ehemals mit etwa zehn anderen Gütern zu einer großen Herrschaft, die wahrscheinlich königlich-böhmischer Besitz war. 1570 war Gläsen Eigentum der Grafen von Cobb, später der Getschaw-Meltgera. Von Anton Formi kaufte es 1859 Alexander von Prittwitz, dessen Sohn es 1906 an Johannes von Eicke und Polwitz verkaufte. Im selben Jahre wurde es renoviert.

GOGLAU (poln. *Gogolów*), Kreis Schweidnitz
Goglau wird 1193 und 1250 als Besitz des Breslauer Sandstiftes erwähnt. Später scheint es im Besitz der Familie von Nimptsch gewesen zu sein, seit 1553 in dem der Familie von Hohberg. Das Schloß soll bereits Jagdschloß der Herzöge von Schweidnitz gewesen sein. Aus Inschriften kann man auf größere Umbauten in den Jahren 1538 und 1592 schließen. 1894 wurde es im Inneren nochmals vollkommen umgebaut.

GOSCHÜTZ (poln. *Goszcz*), Kreis Groß-Wartenberg
Heinrich I. Leopold Graf von Reichenbach erwarb 1727 Goschütz, erweiterte es 1743 um die vom Herzog von Württemberg gekaufte Stadt und Herrschaft Festenberg und errichtete in Goschütz 1740 ein Schloß, das schon 1749 wieder niederbrannte. Ab 1750 ließ der Graf das spätere Schloß, die größte Barockanlage Schlesiens, errichten, an den sich eine Orangerie und an diese die Schloßkirche anfügten.

GOSCHÜTZ (poln. *Goszcz*), Kreis Groß-Wartenberg
Ein Vergleich mit dem Berliner Palais Marschall von Gerlach und dem Breslauer Schloß von Boumann d. Ä. liegt bei Goschütz laut Dr. G. Grundmann, Schlesiens letztem Landeskonservator, nahe. Hauptbau und rückwärtiger Flügel brannten 1947 völlig aus, die Orangerie wurde 1947 abgerissen. Die sonstigen Gebäude um den Hof überdauerten den Brand und dienen seither als Wohn- bzw. Lagerräume.

GRAMBSCHÜTZ (poln. *Gręboszów*), Kreis Namslau
Seit sich 1750 die letzte Erbtochter der Grambschützer von Prittwitz, Johanna Eleonore, mit Graf Gustav Adolf Henckel von Donnersmarck vermählte, war der Besitz ununterbrochen bei der Gräflich Henckelschen Familie geblieben. Schloß Grambschütz, zu dem ein Grundbesitz von 1350 Hektar gehörte, war 1784 erbaut und im Jahre 1804 durch Anbau eines Flügels ganz wesentlich vergrößert.

GRAMSCHÜTZ (poln. *Gręboszów*), Kreis Namslau
Zum Schloß gehörte ein gut gepflegter Park, der bereits um die Wende zum 20. Jahrhundert - damals noch eine Seltenheit - der Öffentlichkeit zugänglich gemacht wurde. Das Schloß brannte 1945 ab und wurde in den Jahren 1948 und 1949 abgetragen. Die alten Grabsteine, u.a. der des Grafen Gustav Adolf Henckel von Donnersmarck, der 1813 bei Glogau fiel, sind erhalten.

GRAMSCHÜTZ (poln. *Grębocice*), Kreis Glogau
Wie der Bauzustand, den unser Bild wiedergibt, deutlich zeigt, blieb das Schloß von den Umbauten des 19. und beginnenden 20. Jahrhunderts verschont, die oft den Charakter dieser alten Schlösser völlig veränderten. Besitzer war hier ursprünglich der Königliche Hausfideikommiß, zur Zeit der Aufnahme jedoch schon seit langem jeweils den Pächtern des Rittergutes als Wohnsitz überlassen.

GRÖDITZBERG (poln. *Grodziec*), Kreis Goldberg
Am Fuße der damals schon verfallenden Gröditzburg ließ Reichsgraf J. Wolfgang von Frankenberg, wahrscheinlich durch J.B. Peintner, von 1718 an das Barockschloß erbauen. Den Bau beendete sein Sohn Vendatius 1726. Wegen Bauprozessen mit den Nachbargemeinden verkaufte er ihn 1749 an den durch die Schlacht bei Hohenfriedeberg bekannten General Gessler. Das Schloß litt stark durch Brand 1945.

GRÖDITZBERG (poln. *Grodziec*), Kreis Goldberg
Blick vom Park aus auf das Schloß, wie es aussah, als es Gesandter Dr. Willy von Dirksen von den Henckel von Donnersmarck 1895 erwarb. Vor den Henckel besaß es der Berliner Bankier W. Chr. Benecke, der wegen seiner Verdienste um die Gröditzburg unter dem Namen „Benecke von Gröditzburg" geadelt worden war. Die von Dirksen setzten diese Restaurierungsarbeiten fort.

GRÖDITZBURG (Gem. Gröditzburg, poln. *Grodziec*), Kreis Goldberg. Auf einem Basaltkegel nordwestlich von Gröditzberg lag seit dem 10. Jahrhundert ein slawischer Burgwall. Im 13. Jahrhundert verlor diese Verteidigung gegen den Westen ihre Bedeutung. Als der Liegnitzer Herzog die Burg 1320 an Ritter Swolo Busewoy (poln. Budzwój) verpfändete, war sie wahrscheinlich schon Ruine. Friedrich I. von Liegnitz, der sie auslöste, ließ den Bergfried errichten.

GRÖDITZBURG (Gem. Gröditzberg, poln. *Grodziec*), Kreis Goldberg. Die großen Säle gehen noch auf die Wiedererrichtung durch den Görlitzer Stadtbaumeister Wendel Roßkopf im 16. Jahrhundert zurück. Selbstbewußt setzte er sein Selbstbildnis über die Pforte des unteren Saales mit der Jahreszahl 1522. Hans von Schweinichen (1552-1616), der Schilderer der Abenteuer Heinrichs XI., war zeitweise Burghauptmann. Renovierung durch Prof. Ebhardt 1905/1908.

GROSS-BAUDISS (poln. *Budziszów Wielki*), Kreis Liegnitz. Rittergut Groß-Baudiß war bis 1740 österreichische und bis 1806 preußische Domäne. Dann wurde es an Herrn Du Port verkauft, der es 1840 an die Familie Walter weiterveräußerte. Schließlich erwarb es zusammen mit mehreren Bauerngütern Paul Mueller. Der älteste Teil des Gebäudes stammte aus dem 15. Jahrhundert, der östliche Flügel wurde erst zu Beginn des 19. Jahrhunderts angefügt.

GROSS-BRESA (poln. *Brzezina*), Kreis Neumarkt
Zum erstenmal wird Groß-Bresa 1251 unter dem Namen Bresina erwähnt. Erst die Namen der Besitzer im 16. Jahrhundert haben sich erhalten: Es war die Familie von Haunold. Im 19. Jahrhundert wechselten immer wieder die Besitzer. 1878 kaufte es Freiherr Rudolf von Skrbensky auf Chwalibogovo. 1901 ging es an Egmont von Kramsta; dessen Nachfolger Dr. Hugo von Johnston veranlaßte den Neubau.

GROSSBURG (poln. *Borek Strzeliński*), Kreis Strehlen
Herzog Heinrich der Bärtige schenkte 1234 Großburg, damals Borek, mit anderen Ortschaften dem brandenburgischen Kloster Lebus. Seit 1552 war Großburg Lehnsbesitz der Familie von Canitz auf Dieban und Samitz. Es folgten die Herren von Rentz, von Bomsdorf und von Schönermarck, bis es 1885 Kommerzienrat Friedmann kaufte. Das Schloß stammt aus 1858, der Turm wurde erst 1867 hinzugefügt.

GROSS-GORSCHÜTZ, Kreis Ratibor
1210 taucht der Ortsname in einem Verzeichnis zinspflichtiger Dörfer des Klosters Tiniec bei Teschen erstmals auf, als Kammergut der Herzöge von Ratibor. Nach 1532 gehörte er den Markgrafen von Jägerndorf, denen er 1618 aberkannt wurde. Nach verschiedenen anderen Besitzern erwarben es die Grafen Arco und 1906 Kommerzienrat Fritz von Friedländer-Fuld, der es 1907 umbauen ließ.

GROSS-KOTZENAU (poln. *Chocianowiec*), Kreis Lüben
Aus dem 12. Jahrhundert stammend, diente das Schloß den schlesischen Piasten zunächst als Castellum, später als Jagdschloß. An dem alten Wasserschloß wurden im Laufe der Jahrhunderte nur wenig Umbauten durchgeführt. Um die Jahrhundertwende gehörte es den Dohna-Schlodien, ab 1917 den Grafen von Rittberg und beherbergte bis zum Ende des Zweiten Weltkrieges weiblichen Arbeitsdienst.

GROSS-KRICHEN (poln. *Krzeczyn Wielki*), Kreis Lüben
Um 1600 gehörte das Rittergut noch der Familie von Tschammer, dürfte aber wenig später an die Herren von Schweinitz gekommen sein. 185.000 Taler zahlte Leutnant Rothenbach 1864 für das Gut, verkaufte die Holzbestände des Waldes am Wege nach Brauchitschdorf und veräußerte das Gut 1866 für 215.000 Taler an Eduard Mitscher, der 1872 das neue Schloß (unser Bild) bauen ließ.

GROSS-REICHEN (poln. *Raszowa*), Kreis Lüben
1688 wurde das Schloß Groß-Reichen von einem Herrn von Lüttichau erbaut, wie die Inschrift über dem Portal angab. Über den Wallgraben führte eine Brücke zum Schloß, die mit Karikaturfiguren aus der Barockzeit, Lakaien und Soldaten darstellend, geschmückt war. Nach häufigem Besitzwechsel kaufte es Fritz Hensel im Oktober 1905 vom Grafen Kurt von Strachwitz, der es erst seit 1903 besessen hatte.

GROSS-REICHENAU (1939 Eichenau b. Naumburg a. B., poln. *Bogaczów*), Kreis Sagan/Freystadt. Annähernd 300 Jahre hatten sich die Rittergüter Ober- und Nieder-Reichenau im Besitz derer von Niesemeuschel erhalten, 1748 an die von Lüttwitz. 1877 erwarb Schloß und Rittergut Arthur Graf Strachwitz vom Kammerherrn von Nostitz-Wallwitz. Schloß aus dem 17. Jahrhundert, 1863 und 1893 umgebaut und erweitert. Park über 60 Morgen.

GROSS-SÄGEWITZ (1939 Sagen, poln. *Solna*), Kreis Breslau. Zu Beginn des vorigen Jahrhunderts gehörte Groß-Sägewitz dem Fürstbischof von Breslau, Graf Leopold Sedlnitzky, der das neue Schloß erbauen ließ. Er hatte das Gut von den Erben eines Rittmeisters von Itzenplitz erworben. Das alte Schloß, 1614 von Heinrich von Heugel erbaut, enthielt in seinem Innern neben vielen Kunstgegenständen Erinnerungen an die zwei Gemahlinnen Friedrich Wilhelms III.

GUHLAU (poln. *Gola*), Kreis Reichenbach
Schloß Guhlau, dessen Küchenräume noch aus dem 11. Jahrhundert stammen sollten, wurde 1587 von Leonhard von Ronau erbaut, nachdem das frühere Herrenhaus von den Hussiten zerstört worden war. Unmittelbar nach dem Dreißigjährigen Krieg wurde es umgebaut. Seit 1821 war Guhlau Prittwitzscher Familienbesitz, nachdem es Christian von Prittwitz von Major von Kosetzky erworben hatte.

GÜNTHERSDORF (poln. *Zatonie*), Kreis Grünberg
Noch nach Plänen des ein Jahr zuvor verstorbenen Berliner Baumeisters Schinkel wurde von 1842 an Schloß Günthersdorf umgebaut. Nach einer am Haus angebrachten Tafel hatte es Baltzer von Unruh, dessen Familie es seit 1608 gehörte, 1685 bis 1689 durch Meister Hans Kolcker errichten lassen. 1771 bis 1789 gehörte es der Gräfin von Cosel, 1807 kaufte es Prinzessin Dorothea von Kurland.

128

GÜNTHERSDORF (poln. *Zatonie*), Kreis Grünberg
Schinkel hatte Schloß Günthersdorf (nach einer am Haus angebrachten Tafel) „durch Aufsetzen eines Stockes erhöhen, durch Anbau erweitern und in der äußeren Form durch Balkons, Wappenschilder und andere Verzierungen verschönern lassen", ohne es in seinem Gesamteindruck zu verändern, der Landschaftsgärtner Lenné versah es mit Orangerien und Treibhäusern in einem stark erweiterten Park.

GÜNTHERSDORF (poln. *Zatonie*), Kreis Grünberg
Dorothea, Herzogin Sagan, Prinzessin von Kurland, Verfasserin der „Memoiren der Herzogin Dorothea von Dino, späteren Herzogin von Talleyrand und Sagan", hatte Günthersdorf 1807 gekauft. Nach ihrem Tode (1862) fiel es an ihren Sohn Alexander, der es an den preußischen Staatsminister Dr. Friedenthal veräußerte. Von ihm erbte es 1890 Renata von der Lancken-Wakenitz mit insgesamt 29.000 Morgen Land.

GURKAU (poln. *Górka Wasoska*), Kreis Guhrau
Nach dem Erwerb des Rittergutes Schloß Gurkau durch Friedrich Karl Mauve, genannt von Schmidt, neu erbaut, wurde zum größten Teil der Seitenflügel schon neun Jahre später umgebaut. Ein Jahr vorher hatte Herr von Mauve den Park erweitern und zum Teil neu anlegen lassen. Um 1766 hatte das Rittergut Carl Balthasar von Martitz, später den von Niebelschütz und den Grafen Matuschka gehört.

GÜTTMANNSDORF (poln. *Dobrocin*), Kreis Reichenbach. Güttmannsdorf soll früher Klosterbesitz gewesen sein und später eine Kommende der Tempelherren. Im 15. und 16. Jahrhundert gehörte es der Familie von Bock, im 18. Jahrhundert den Freiherren von Seherr-Thoss, später Oberbergrat von Milecky. 1877 erwarb es der Diplomat Kuno von Portatius mit Klein-Güttmannsdorf, dem Guhlwald und zwei Vorwerken sowie etlichen Rustikalgütern.

132

GÜTTMANNSDORF (poln. *Dobrocin*), Kreis Reichenbach. Das 1898 bis 1899 stark modernisierte Schloß Güttmannsdorf war in vielen Bauteilen noch das alte Klostergebäude gewesen. Eine uralte Linde vor dem Schloß mit einem Umfang von sieben bis acht Metern wurde um die Wende zum 20. Jahrhundert durch Blitzschlag zerstört. Bei den Aufräumungsarbeiten fanden sich im Wurzelwerk Opfersteine, wahrscheinlich aus der slawischen Vorzeit.

GUTWOHNE (poln. *Dobrzeń*), Kreis Oels
Selten blieb Gutwohne, früher Groß-Dober genannt, länger als ein Jahrhundert in einer Familie. Selbst wo dies, wie bei den von Heugel zwischen 1589 und 1743, scheinbar der Fall, handelte es sich um immer wieder andere Zweige der Familie. 1749 kaufte Generalmajor von Puttkammer Gutwohne, und über die Rosenberg-Lipinsky kamen Schloß und Rittergut schließlich an die Familie von Kulmiz.

HABENDORF (poln. *Owiesno*), Kreis Reichenbach
Als Ovesonovo erscheint Habendorf 1260 in den Urkunden, 1292 als Haverdorph. Das Schloß wurde von den Templern als befestigtes Rundschloß mit großem Innenhof aufgeführt. Der breite Wallgraben wurde erst 1879 entwässert, der zur Hälfte bereits abgetragene Turm in alter Höhe errichtet. Das Schloß erhielt ein massives Schieferdach und wurde erhöht, ohne daß man seinen Charakter verändert hätte.

HABENDORF (poln. *Owiesno*), Kreis Reichenbach
Aus dem Hause Habendorf stammte der oft genannte Hof- und Reichsvizekanzler Kaiser Karls IV., der Breslauer Bischof Preczlaus von Pogarell. Um 1579 wurde Habendorf an Friedrich Bock von Güttmannsdorf und Habendorf veräußert. Später erwarben es die von der Heyde. Seit sich deren letzte Erbtochter Magdalene 1766 mit Christian Friedrich Seydlitz vermählte, blieb das Schloß bei den Seydlitz.

HALBAU (poln. *Ilova*), Kreis Sprottau/Sagan
1356 hatte Karl IV. die Brüder Cunz und Witche von Kottwitz mit dem „halben Dorff an der Czirne“ belehnt, in deren Familie blieb der Besitz bis nach der Reformation (1567). Allerdings wurde das damalige Schloß 1440 von den Görlitzern zerstört, da die Kottwitz öfters Straßenräubern Unterschlupf gewährt hatten. Den Renaissancebau ließ Christian von Schellendorf 1626 errichten.

HALBAU (poln. *Ilova*), Kreis Sprottau/Sagan
Der Park von Schloß Halbau geht im wesentlichen auf die Entwürfe von Friedrich Maximilian Reichsgraf von Hochberg, Freiherr zu Fürstenstein zurück, der die Herrschaft 1902 erworben hatte, das Schloß 1903 bis 1905 völlig umgestalten ließ und im Park Altes und Neues zu einer Schöpfung von eigenartigem Reiz zusammenfügte. Das Schloß blieb bis zum Jahre 1919 in seiner Hand.

HALBAU (poln. *Ilova*), Kreis Sprottau/Sagan
Ein Blick in die Bibliothek des Schlosses Halbau nach der Umgestaltung von 1905. 1570 hatte es Christoph von Schellendorf den Kottwitz abgekauft. 1682 erwarb Balthasar Graf von Promnitz Halbau, das durch die Wiederverheiratung seiner Witwe an die Grafen von Kospoth kam. Nach verschiedenen anderen Besitzern kaufte es 1901 Graf Hochberg, dessen Urgroßmutter aus dem Hause Halbau stammte.

HALBAU (poln. *Ilova*), Kreis Sprottau/Sagan
Das Musikzimmer kündet von den vielseitigen künstlerischen Interessen des Grafen Hochberg, während sich der Marktflecken immer mehr industrialisierte. Kontraste gehören zur Geschichte Halbaus: Bis 1816 lag es in der Lausitz. Während der Gegenreformation im Fürstentum Sagan baute man 1668 in Halbau eine evangelische Grenzkirche, ebenso profitierte man damals von Grenzhandel.

HALBAU (poln. *Ilova*), Kreis Sprottau/Sagan
Wertvolle alte Gemälde schmückten seit dem Umbau durch Graf Hochberg den Wandelgang. Viele der Kunstwerke - zuweilen auch Kuriositäten - die er hier im Lauf der Jahre zusammentrug, hatte der kenntnisreiche Graf auf weiten Reisen erworben. So bescheiden das Schloß von außen wirkte, überraschte es seine Besucher immer wieder durch die stilvolle Innenausstattung.

HALBAU (poln. *Ilova*), Kreis Sprottau/Sagan
In der Diele des Schlosses Halbau mit seinem von einem Netzgitter überzogenen Gewölbe noch ein Blick zurück auf Treppenaufgang und weitere Palmenwedel, die so vollendet das repräsentieren, was man sich damals als Ideal eines Herrenhauses vorstellte. Kein Wunder, daß Robert Weber, Herausgeber des Bildbandes „Schlesische Schlösser", gerade dem Schloß Halbau so viele Seiten widmete.

HALBAU (poln. *Ilova*), Kreis Sprottau/Sagan
Ein Blick in den Salon, der mit seinem Palmenschmuck nun schon mehr als die Räume der vorhergehenden Bilder den Stil des beginnenden 20. Jahrhunderts mit seinem beliebten Pflanzenschmuck verkörperte. Ursprünglich hatte übrigens Halbau Stadtrechte, die ihm 1830 nach dem Übergang an Schlesien aberkannt wurden. Erst die Polen erhoben es 1957 zur „stadtartigen Siedlung“ und 1962 wieder zur Stadt.

HALBENDORF (poln. *Opole-Pólwsie*), Kreis Oppeln
Die Geschichte des Schlosses läßt sich heute nur bis in die Hälfte des vorigen Jahrhunderts zurückverfolgen. Damals gehörte es den Herren Mentz und Thaddeus von Szymonski. 1863 kaufte es Wilhelm von Eynern, der 1866 seinen Grundbesitz um Slavitz erweiterte. Er starb 1903 und vermachte Halbendorf seinen Kindern Heinrich und Helene. Durch Vertrag übernahm es 1906 Heinrich von Eynern allein.

HARTLIEB (poln. *Wroclaw-Partynice*), Kreis Breslau
1342 erneuerte Markgraf Karl den Brüdern Hartlieb ihr Privileg über den Ort Patenicz, der später nach diesem alten Breslauer Patriziergeschlecht genannt wurde. Zu Beginn des 19. Jahrhunderts besaßen Hartlieb die Herren von Lüttwitz. 1866 erwarb es Julius Schottländer, der 1878 bis 1882 das Schloß im damaligen der Renaissance nachempfundenen Zeitstil errichtete. Heute Stadtteil von Breslau.

HEINZENDORF (poln. *Witoszyce*), Kreis Guhrau
Heinzendorf soll von den Burggrafen zu Dohna im 13. Jahrhundert angelegt worden sein. 1569 wurde es an Hans von Kreckwitz verkauft. Als ein Kreckwitz im Dreißigjährigen Krieg zu den Schweden überlief, wurden die Güter vom Kaiser konfisziert und Hieronymus Graf zu Montocuccoli übergeben. Die Witwe des letzten Kreckwitz sorgte für Rückgabe. 1910 ließ von Bernuth das Schloß renovieren.

HEINZENDORF (poln. *Bagno*), Kreis Wohlau
Ein Grabstein an der Pfarrkirche nannte als ehemaligen Besitzer den 1619 verstorbenen Siegmund von Lamberg. In der ersten Hälfte des 19. Jahrhunderts kam es an den Bremer Senator Eduard Büsing, der es nach vierzigjährigem Besitz dem Breslauer Handelsherrn Georg Kiesling überließ. Das Schloß wurde vermutlich von den Freiherren v. Seherr-Thoss erbaut, deren Wappen das Portal schmückte.

HERZOGSWALDE (poln. *Wierzbnik*), Kreis Grottkau
Jahrhundertelang hatte das Rittergut Herzogswalde den Brieger Piasten gehört. Nach ihrem Aussterben zählten zu den Besitzern die Familien Wachtel von Panthenau, von Lichnowski, von Donat und von Koppy. Bis 1859 war das Jagdschloß von 1305 noch mit einem Wallgraben umgeben. 1859, 1876 und 1887 wurde es umgebaut. Erhard Neugebauer ließ das Schloß 1912 erneuern.

HOHENFRIEDEBERG (poln. *Dobromierz*), Kreis Bolkenhain/Jauer. Der durch die Schlacht bekannt gewordene Ort gehörte im 16. Jahrhundert den Schellendorf, an die er später von den Zedlitz wieder zurückging, die ihn im 17. Jahrhundert besaßen. Nach diesen kam 1716 Ferdinand von Nimptsch, der das Schloß baute und 1727 neue bauliche Veränderungen vornehmen ließ. Es behielt den barocken Charakter bis auf die von Webern (ab 1895).

HÜNERN (poln. *Psary*), Kreis Trebnitz/Ohlau
Schloß Hünern wurde zu Beginn des 17. Jahrhunderts erbaut. Es zeigt jedoch völlig den Geschmack der ersten Hälfte des 19. Jahrhunderts, in der es von Graf Philipp von Hoverden-Plencken in klassizistischem Stil umgebaut wurde. Das Geschlecht der Freiherren von Plencken war bereits 1719 erloschen. Zwei Brüder Hoverden erhielten 1721 die Genehmigung, das Prädikat von Plencken ihrem Namen beizufügen.

HÜNERN (poln. *Psary*), Kreis Trebnitz/Ohlau
Der „Saal" des Schlosses zeugt vom Geschmack des Grafen Phillipp von Hoverden-Plencken, der hier wie in weiteren Räumen wertvolle Sammlungen aufstellen ließ. Das Schloß baute ihm der Brieger Neidhardt von Gneisenau, Vater des preußischen Generalfeldmarschalls, um. Nach dem Tode des letzten Hoverden-Plencken vererbte sich ihr Besitz in weiblicher Linie (Gf. von Strachwitz-Hoverden).

JACOBSDORF (poln. *Niemodlin*), Kreis Falkenberg
Im 18. Jahrhundert wurde das Schloß von den Grafen Pückler erbaut, die es 1878 noch erweitern ließen. Von ihnen, die Jacobsdorf Jahrhunderte besessen hatten, ging es 1849 auf Baron von Koppy über, den Schwiegersohn des Grafen. Er verkaufte es an Adolf Freiherrn von Thielmann, der wiederum mit einer Enkelin des 1843 verstorbenen Grafen Georg von Pückler vermählt war.

JAHMEN, Kreis Rothenburg (Ober-Lausitz)
Eines der schönsten Schlösser der Ober-Lausitz, ist es inzwischen dem Bergbau zum Opfer gefallen, da es auf einem ausgedehnten Braunkohlenflöz stand. Bis zur Mitte des 16. Jahrhunderts saßen hier die von Nostitz. 1560 verkauften sie ihren Grundbesitz an Atzthum von Eckstaedt, in dessen Familie Jahmen, wo August der Starke bei seinen Polen-Reisen Station zu machen pflegte, bis 1741 blieb.

JAHMEN, Kreis Rothenburg (Ober-Lausitz)
Ein Blick in die Säulenhalle. Sie stammt aus dem Jahre 1719, als ein Blitzschlag das alte Schloß vernichtet hatte und Vitzthum von Eckstaedt ein Schloß nach dem Vorbild sächsischer Königsschlösser errichtete. Von 1741 bis 1779 gehörte es den von Metzradt, von denen es die Grafen von Hochberg, Freiherren zu Fürstenstein, erwarben, die es aber schon nach 1800 den Grafen von der Schulenberg weitergaben.

JAHMEN, Kreis Rothenburg (Ober-Lausitz)
Ein Blick auf die schöne Steintreppe. 1850 bis 1873 war es Besitz des Herrn von Brescius und des Fürsten zu Putbus. 1873 erwarb es Wilhelm von Eckardstein-Loewen, der es ausbauen, Stuckdecken einziehen und Parkettfußböden verlegen ließ. Über Max von Blumenthal, der 1882 Henriette von Eckardstein ehelichte, kam es 1901 an Wilhelm von Jena.

JAKOBSKIRCH (poln. *Jakubów*), Kreis Glogau
Ein geschichtsträchtiges, sagenumwobenes Schloß. Hier soll Herzog Heinrich V. der Eiserne, der nach dem Kreuzzuge mit seinem Adel in Fehde kam, gefangengehalten worden sein, ehe er von den Glogauer Bürgern befreit wurde (1369). Im 19. Jahrhundert gehörte es u. a. den Familien von Bomsdorff, Graf Kayserlingk und den Grafen Stolberg, bis es 1893 die Henckel von Donnermarck kauften.

JANNOWITZ (poln. *Janowice Wielkie*), Kreis Schönau
Das am rechten Boberufer gelegene Schloß Jannowitz wurde 1608/1609 von Daniel von Schaffgotsch erbaut, im Dreißigjährigen Krieg von den Schweden zerstört und von der Witwe des Daniel Schaffgotsch wiedererrichtet. Endgültige Gestalt erhielt es 1775 durch einen Umbau und 1910 durch eine Erweiterung. In seiner Frühzeit gehörte es den von Heilmann, den von Gersdorf, den Promnitz u.a.

JÄSCHKOWITZ (1937 Lengefeld, poln. *Jezkowice*), Kreis Breslau. 1908 wurde Jäschkowitz von Curt Krause erbaut. Der Ort selbst ist 1353 erstmals urkundlich erwähnt als Besitz des Clarenstiftes in Breslau, das es zu Lehen weitergab, u. a. an die Ritter Nikolaus Chwalibog und Nikel Krziwosond. 1528 kaufte Conrad von Saurma Jäschkowitz. Nach verschiedenen Familien besaß es am Ende des 19. Jahrhunderts Generalkonsul Eugen Landau und ab 1903 C. Krause.

JEDLOWNIK, Kreis Rybnik
Es wurde in den Jahren 1900 bis 1901 von Gottfried Hesse erbaut, der auch den Park neu anlegen ließ. Er hatte das Gut mit Mehl- und Schneidemühle erst 1899 von den Gebrüdern Bruno und Alfred Hirsch gekauft und gab es bereits 1908 an den Berliner Kommerzienrat Fritz von Friedländer-Fuld weiter. Das Gut hatte zu Beginn des 19. Jahrhunderts den Grafen Strachwitz gehört.

JELTSCH (poln. *Jelcz*), Kreis Ohlau
Jeltsch, 1245 vom Papst dem Breslauer Bischof als Besitz bestätigt, war mindestens seit 1277 in der Hand der Breslauer Herzöge, die hier ein Jagdschloß errichteten. Das neue Schloß wurde erst 1830 von den Grafen Saurma erbaut, die hier seit dem Kauf durch Conrad I. Sauermann (1508) ihr Stammschloß hatten. In den Jahren 1886 und 1894 wurden jeweils Renovierungen durchgeführt.

JELTSCH (poln. *Jelcz*), Kreis Ohlau
Das auf einer Oderinsel gelegene Schloß hatte als Vorläufer eine Burg, die zwischen 1331 und 1343 entstand und 1375 als „castrum" belegt ist. Die Freiherren von Saurma-Jeltsch hatten ihren Wohnsitz im Dreißigjährigen Krieg nach Laskowitz verlegt. Erst 1817 kehrte Gustav Graf von Saurma-Jeltsch wieder auf den Stammsitz seiner Väter zurück. Er erbaute das neue Schloß, das alte wurde zum Brauhaus.

JEROLTSCHÜTZ (poln. *Gieralcice*), Kreis Kreuzburg
Zu verschiedenen Zeiten ist Schloß Jeroltschütz, zuletzt 1910, an- und umgebaut worden. Der letzte Umbau hat sein Aussehen geprägt. Seit 1499 war Georg von Studnitz in Kriegsdiensten des Herzogs Kasimir II. von Teschen hierher in Quartier gekommen und hatte Herz und Hand der Erbtochter, einer von Strachwitz, gewonnen. 1505 wurde dem Stammvater derer von Studnitz der Besitz beurkundet.

JEROLTSCHÜTZ (poln. *Gieralcice*), Kreis Kreuzburg
Hier war der in böhmischen Diensten stehende Hans Studnitz d. Ä. im 16. Jahrhundert Hausherr, gefolgt von seinem gleichnamigen Sohn, der im Dienst der Herzöge von Oels Hauptmann von Konstadt war. 1733 gehörte es dem Weimarschen Geheimen Rat Adam Friedrich von Studnitz. Nach dessen Tod war es 150 Jahre in fremden Händen, bis es Felix von Studnitz 1903 wiedererwarb.

JESCHKENDORF (poln. *Jáskowice Legnickie*), Kreis Liegnitz. Unmittelbar am gleichnamigen See gelegen, wurde Schloß Jeschkendorf von 1852 an von Paul Zahn umgebaut; 1895 erwarb es der Breslauer Viktor Zwicklitz. Der ursprüngliche Bau war dem Fürstl. Liegnitzschen Rat Hans von Schweinichen zu danken, der das Gut um 1661 besaß. Unter den vielen folgenden Besitzern befanden sich auch die Herren von Frankenberg und die Fürsten zu Sayn-Wittgenstein.

JÜRTSCH (poln *Jurcz*), Kreis Neumarkt/Wohlau
Kammerherr von Zawadsky auf Kalinow, der Jürtsch um 1871 kaufte und 1872 bis 1874 neu erbauen ließ, hatte vielerlei Vorbilder für den Bau studiert. So zeigte der Turm etwa dieselbe Gestalt wie viele Prager gotischen Türme, der Giebel über der Toreinfahrt erinnerte an Renaissancebauten, der seitliche Doppelgiebel an die Zeit der Gotik. All diese Details komponierte man zu einem bewegten Gesamtbild.

JÜRTSCH (poln. *Jurcz*), Kreis Neumarkt/Wohlau
Jürtsch, 1361 Jüritz genannt, befand sich bis gegen das Ende des 18. Jahrhunderts in den Händen der Breslauer Jesuiten. Friedrich II. übertrug es durch Schenkung 1780 an seinen General von Rothkirch. Bald darauf war der Breslauer Justizrat Ludwig Besitzer. Um 1871 kaufte es jener Herr von Zawadsky, der das Schloß erbaute und 1904 an den Grafen Wengersky, Freiherrn von Ungarschütz, weitergab.

KAPATSCHÜTZ (poln. *Kopaszyn*), Kreis Trebnitz
1797 wurde Schloß Kapatschütz erbaut; seine endgültige Gestalt stammt von 1894 , als es Arthur von Walter und Croneck umbaute. Um 1682 hatte das Rittergut Elisabeth Polyxene von Biedermann und Mirckau gehört, um 1720 einem von Pogrell, schließlich Gottfried Benjamin Held von Hengelsheim, der es 1771 an Georg von Walther und Croneck veräußerte, in dessen Familie es bis zuletzt blieb.

KARBISCHAU (poln. *Skarbiszów*), Kreis Falkenberg
Das in einem weitläufigen Park gelegene Schloß Karbischau hat mehrfach Umbauten erfahren, deren Zeitpunkt nicht mehr festzustellen ist. Der letzte fand jedenfalls 1905 statt. Das Schloß dürfte in seiner ersten Anlage bis auf das 15. Jahrhundert zurückgegangen sein. Den letzten Umbau hatte Oto von Wichelhaus auf Norok veranlaßt, dem sein Vater das 1858 erworbene Schloß 1899 übergab.

KLEIN-BRESA (poln. *Brzezica*), Kreis Strehlen
Im Park des alten Herrenhauses ließ Graf Schweinitz 1872 Schloß Klein-Bresa errichten. 1896 kaufte der Berliner Innenminister Friedrich von Moltke Klein-Bresa. Das Rittergut, früher auch Klein-Briesen genannt, gehörte ehedem den Grafen Strachwitz, den Grafen Königsdorff und den Herren Tschirschky, im 19. Jahrhundert den Herren Schloesser, Coester und Wolff.

KLEIN-GAFFRON (poln. *Gawrony*), Kreis Steinau
Gaffron, einst ein fester wendischer Platz, war Ende des 15. Jahrhunderts in der Hand der von Loeben. Im 17. und 18. Jahrhundert besaßen es nacheinander die von Niebelschütz und von Schweinichen. Einem Herrn von Schweinichen ist das Barockschloß zu verdanken, das sich freilich 1907 einer neuzeitlichen Renovierung unterziehen mußte, die Graf von Bethusy-Huc, der damalige Besitzer, veranlaßt hatte.

KLEINITZ (poln. *Klenica*), Kreis Grünberg
Kleinitz, von 1639 bis 1776 in der Hand des Jesuitenorden wurde 1787 an Herzog Peter zu Kurland und Sagan verkauft. 1800 ging es auf dessen Tochter Dorothea Herzogin von Dino, Gräfin von Talleyrand-Périgord, Prinzessin von Kurland und Semgallen über. Deren Tochter vererbte es 1890 der in Berlin lebenden Witwe des Fürsten Anton Radziwill. Das 1884 erbaute Schloß wurde 1903 erweitert.

KLEIN-KLODEN (poln. *Kloda Mala*), Kreis Guhrau
Schloß Klein-Kloden wurde völlig neu 1870 anstelle eines schon baufälligen Herrenhauses errichtet und etwa zwanzig Jahre später durch einen Anbau wesentlich vergrößert. Der Neubau wurde ein Jahr, nachdem Elise von Gossler Klein-Kloden von ihrem Vater geerbt hatte, in Angriff genommen. Elise von Gosslers Gatte war der Landrat des Kreises Guhrau, Eugen Gossler, der 1892 starb.

KLEIN-KOTZENAU (poln. *Kocień Maly*), Kreis Lüben Schloß Kotzenau ließ Herzog Bolko I. von Schweidnitz von 1297 bis 1299 für seine Mündel, die Söhne des Breslauer Herzogs Heinrich V., erbauen. 1613 kaufte Alexander von Stosch die Herrschaft. 1698 erhielt der damals baufällige Turm seine spätere Gestalt, 1734 kaufte Heinrich Gottlob von Redern das Schloß, das 1766 an die Grafen zu Dohna-Schlodien kam. Es brannte 1945 völlig aus.

KLEIN-WILKAU (poln. *Wilkowiec*), Kreis Namslau
Klein-Wilkau gehörte zur Herrschaft Wilkau, die um 1410 Heinrich Seydlitz von Laasan unterstand. Er verfügte über großen politischen Einfluß bei Kaiser Sigismund. So gehörte er zu den vom Kaiser eingesetzten Schützern von Johann Hus beim Konstanzer Konzil, nachdem diesem der Kaiser einen Schutzbrief ausgestellt hatte. 1888 erwarb Rudolph Freiherr von Seydlitz-Kurzbach Klein Wilkau.

KLEUTSCH (poln. *Kluczowa*), Kreis Frankenstein
Im 16. Jahrhundert erbaut, hat Schloß Kleutsch im Dreißigjährigen Krieg schwer gelitten. U. a. ist damals der Oberstock völlig ausgebrannt. Nach der Mitte des 17. Jahrhunderts wurde es wieder aufgebaut und 1837 nach Plänen von Schinkel erneuert. Kleutsch wird schon um 1260 als Cluchowa (Kluce – Rodung) erwähnt. Es gehörte in den letzten hundert Jahren der Familie von Studnitz.

KLINGEWALDE, Kreis Görlitz
Neben einer sehr schönen alten Halle zeugte in einem der Zimmer eine vor rund 250 Jahren gemalte Holzdecke in etwa von der einstigen Gestaltung des Schlosses. Nach dem Tode von Caspar Christoph von Kottwitz kam es an die Familie von Nostitz und schließlich durch Kauf Ende vorigen Jahrhunderts an Herrn Schultz, der es nach 1900 parzellierte. Das Schloß erwarb Klara von Boltenstern.

KNIEGNITZ (poln. *Ksieginice*), Kreis Lüben
Mehr als andere schlesische Schlösser hatte Kniegnitz unter Bränden und Besitzerwechsel zu leiden. Das Ergebnis war der Verlust aller Archivalien. Bekannt blieb nur, daß es gegen Ende des 18. Jahrhunderts Otto von Tschirschky gehörte und später an die Familie von Gellhorn kam. Nach 1819 wechselte es siebenmal die Besitzer und war schließlich ab 1867 im Besitz der Familie von Wiedner.

KNIEGNITZ (poln. *Ksieginice*), Kreis Lüben
Ein Blick in die Halle des Schlosses in der Einrichtung zu Zeiten von Hans von Wiedner, dessen Vater den Besitz erworben hatte. Zu dem Rittergut hatte Paul von Wiedner 1867 noch neben anderen kleineren Rustikalgütern auch die Erbscholtei und das Freigut Paulshof hinzugekauft. Er hatte auch im wesentlichen für die Vergrößerung des schon aus früheren Zeiten stammenden Parkes gesorgt.

KOBELAU (poln. *Kobyla Glowa*), Kreis Frankenstein
Ein von Tschirschky erbaute Schloß Kobelau 1717. Als ein weiterer von Tschirschky und Boegendorff nach 1820 daranging , es um ein Stockwerk zu erhöhen und dessen Sohn und Enkel jeweils weiter aus- und umbauten, war Kobelau zum drittenmal im Besitz dieser Familie. Zwischen 1648 bis 1682 und 1768 bis 1820 hatten sich viele andere namhafte schlesische Familien im Besitz von Kobelau abgelöst.

KÖBEN (poln. *Chobienia*), Kreis Steinau/Wohlau
Aus dem Beginn des 16. Jahrhunderts stammt die von Georg d. Ä. von Kottwitz erbaute Burg Köben, die 1583 bis 1584 Georg d. J. von Kottwitz zu einem Renaissanceschloß umbaute. Das Dach mit hohen Renaissancegiebeln mußte wegen Baufälligkeit im 18. Jahrhundert durch ein einfacheres ersetzt werden, auch die Wallgräben verschwanden. Das Schloß wurde 1905 renoviert.

KÖBEN (poln. *Chobienia*), Kreis Steinau/Wohlau
Bei der Renovierung von 1905 wurde beim Herausnehmen einer Zwischendecke die alte Holzdecke mit reichen Blattornamenten und der Jahreszahl 1583 im Salon des Schlosses freigelegt. Gleichfalls tauchte eine Freskomalerei mit vier gut erhaltenen Wappen der Familien von Kottwitz, von Nostitz, von Spiller und vom Berge mit entsprechenden Inschriften auf. Vier weitere verdeckt der Kamin.

KÖBEN (poln. *Chobienia*), Kreis Steinau/Wohlau
Die gewölbten Decken wie hier im Herrenzimmer gaben den Räumen nach der Renovierung einen besonderen altertümlichen Reiz. Das Schloß war einer der ältesten Herrensitze Schlesiens: 1210 baute Herzog Heinrich I. von Schlesien hier ein massives Jagdschloß. Conrad II. übergab es dem Burggrafen von Donyn (Dohna), der ihn aus der Gefangenschaft seines Bruders Heinrichs II. von Glogau befreite.

KÖBEN (poln. *Chobienia*), Kreis Steinau/Wohlau
Der etwa 120 Quadratmeter große Saal zeigte an der Decke Verzierungen, die noch aus der Zeit der Renaissance stammten. Damals im 16. Jahrhundert gehörte Köben den Kottwitz, nachdem Margarete Burggräfin zu Dohna 1504 d. Ä. von Kottwitz geheiratet hatte. Es folgten im 17. Jahrhundert die Nostitz und nach vielen weiteren 1905 die Grafen von Saurma, Freiherren von und zu der Jeltsch.

KOCHTSCHÜTZ, Kreis Lublinitz
Man ist im wesentlichen auf die Vermutung angewiesen, daß Kochtschütz in früheren Jahrhunderten der Familie der Kochtizki Freiherren von Kochtitz und Lublinitz gehörte. Das Herrenhaus war zur Zeit dieser Aufnahme längst Wirtschaftsgebäude. Das hier gezeigte Schloß hatte Ludwig Carl Graf von Ballestrem erst 1906 bis 1909 erbaut - der Tradition verpflichtet, aber modern im Sinne seiner Zeit.

KOCHTSCHÜTZ, Kreis Lublinitz
Noch mehr als die vorhergehende Außenaufnahme zeugt das Bild des Salons von dem modernen Geiste, der hier herrschte. Franz Graf von Ballestrem auf Plawniowitz hatte die Herrschaft Kochtschütz, zu der 13.000 Morgen Land gehörten, für seinen vierten Sohn von den Erben des 1896 verstorbenen Sylvius von Aulock erworben. Unter den Vorbesitzern der Aulock war auch die Familie Larisch gewesen.

KOHLHÖHE (poln. *Goczalków Górny*), Kreis Striegau/Schweidnitz. Schloß Kohlhöhe wurde 1615 von Freiherrn von Schliewitz erbaut und 1800 sowie 1889 jeweils bei Besitzerwechsel umgebaut. Ein Kaufvertrag von 1699 nannte als Vorbesitzer einen Herrn von Festenberg-Packisch und als Käufer Johann Prätorius von Richthofen, in dessen Familie der im 19. Jahrhundert durch Zukauf weiterer Ländereien stark vergrößerte Besitz bis ins 20. Jahrhundert verblieb.

KOLBNITZ (poln. *Chelmiec*), Kreis Jauer
Das Rittergut war ehedem Leubuser Klosterbesitz. Viele große schlesische Geschlechter wechselten in seinem Besitz, der schließlich die Größe von 730 Hektar erreichte. Darunter zählten u.a. die Familien von Unruh, von Schweinichen (um 1616), bis es 1793 Landschftsdirektor Gotthard von Czettritz und Neuhaus kaufte, über dessen Geschlecht die Urkunden bis ins 13. Jahrhundert zurückreichen.

KOLBNITZ (poln. *Chelmiec*), Kreis Jauer
Ein Blick in den Speisesaal des Schlosses, das sich Gotthard von Czettritz und Neuhaus 1793 bis 1796 erbauen ließ, da das alte - in seinen wesentlichen Teilen nur erdgeschossige – Schloß ihm nicht mehr ausreichte. Dieser Speisesaal hat den Stil seiner Erbauungszeit beibehalten, während andere Räume längst ihr Gesicht, dem Wandel des jeweiligen Zeitgeschmacks folgend, geändert hatten.

KOLBNITZ (poln. *Chelmiec*), Kreis Jauer
Einer der Salons, der noch durchaus den Geist der Zeit seiner Erbauung (1793-1796) ausstrahlt. Hier in Kolbnitz lebte der letzte Zweig der Familie von Czettritz, der sich nach der Feste Neuhaus bei Waldenburg nannte. Er wurde 1840 in den preußischen Freiherrenstand erhoben. Ihr gesamter Besitz wurde noch vor dem Ersten Weltkrieg Fideikommiß.

KOPANINA, Kreis Tarnowitz
Erbaut erst 1892 und schon 1897, 1907 und nochmals 1912 umgebaut. Für das Rittergut ist Kokor von Kamenz 1538 als Besitzer erwähnt. Als Heiratsgut brachte es Elisabeth Czornberg von Galowicz um 1750 in die Ehe mit Gustav Freiherrn von Frankenberg ein. 1847 erwarb es Friedrich Graf von Praschma, nach dessen Tode es die westfälischen Freiherren von Fürstenberg erwarben.

KOPPITZ (1936 Schwarzengrund, poln. *Kopice*), Kreis Grottkau. Urkundlich taucht das Rittergut Koppitz zum erstenmal 1289 auf, wobei der Schulze Richwin von „Copitz" erwähnt wird. 1859 kaufte es Hans Ulrich Graf von Schaffgotsch, der ein Jahr zuvor durch die Ehe mit der Godulla-Erbin Johanna Gryczik sein Vermögen vergrößert hatte, vom Grafen Fedor von Francken-Sierstorpp. Meist lebte er allerdings im Schloß des Industrieunternehmers Godulla.

KOPPITZ (1936 Schwarzenground, poln. *Kopice*), Kreis Grottkau. In Koppitz ist schon seit etwa 1780 ein Schloßbau bezeugt. Ein Jahr nach der Eheschließung hatte Graf Schaffgotsch zwar schon den Bau bezogen, aber erst 1884 ließ er das mehrflügelige Schloß in überwiegend neugotischem Stil errichten. Um das Schloß ließ er einen Landschaftspark in englischem Stil mit Wassergraben und Teich anlegen. Das Schloß brannte 1958 aus.

KOSLITZ (poln. *Kozlice*), Kreis Lüben
Der einfach Bau geht noch auf den Beginn des 19. Jahrhunderts zurück, als Amtsrat Schwarz das Rittergut besaß. Er wurde von Hans von Wiedner um einige Zimmer und einen Saal vergrößert, nachdem dessen Vater das Gut 1881 gekauft und ihm überlassen hatte. Zu dem Rittergut gehörte das Vorwerk Friedrichshuld und ein schöner Waldbestand in wildreicher Gegend.

KRAPPITZ (poln. *Krapkowice*), Kreis Oppeln
Die Zeit der Erbauung von Schloß Krappitz ist unbekannt. Man erzählt sich, es sei eine Gründung der Tempelherren gewesen. Nach dem Hubertusburger Frieden erwarb es Carl Wilhelm Freiherr von Haugwitz von Renate Gräfin von Redern geb. Gräfin von Hoym. Sein Enkel Graf von Hardenberg vergrößerte den Besitz auf 3500 Hektar. Das Schloß wurde im 17. und zu Beginn des 18. Jahrhunderts renoviert.

KRASCHNITZ (poln. *Krośnice*), Kreis Militsch-Trachenberg. Die aus den Rittergütern Kraschnitz, Hammer und Dammer bestehende Herrschaft wurde 1845 von Friedrich Wilhelm Graf von Reichenbach-Goschütz durch den westfälischen Grafen von der Recke von Volmerstein erworben. Die Grafen von Reichenbach-Goschütz bauten 1785 das Schloß. 1845 und 1864 nach dem Kauf durch Leopold von der Recke und durch dessen Sohn renoviert.

KRASCHNITZ (poln. *Krośnice*), Kreis Militsch-Trachenberg. Bei Schloß Kraschnitz sind auch die ,,Kraschnitzer Anstalten" zu erwähnen, in denen Adalbert von der Recke ab 1860 verkrüppelte, blinde, geistesschwache und unheilbare Kinder betreuen ließ. Er hatte während der Napoleonischen Kriege die schlesische Gräfin Mathilde von Pfeil und Klein-Ellguth kennen gelernt, die er später ehelichte. Das bewog den Westfalen, sich in Schlesien anzukaufen.

KRATZKAU (poln. *Krasków*), Kreis Schweidnitz

Das 1746 vollendete Schloß ließ David Sigismund von Zedlitz erbauen. Es zeigt noch reinen Barockstil. Die schönen Gartenanlagen wurden nach Plänen des Königlichen Generalgartendirektors Linné ausgeführt. Kratzkau wurde 1848 von Charlotte Friderike Gräfin von Zedlitz an ihren Neffen Georg Gustav Rudolf von Salisch weitervererbt, in dessen Familie es schließlich bis ins 20. Jahrhundert blieb.

KREPPELHOF (poln. *Grodztwo*), Kreis Landeshut Gut und Schloß Kreppelhof sind seit 1417 urkundlich belegt. Sie gingen 1555 von den Czettritz an die Schaffgotsch über. Das im wesentlichen erhalten gebliebene Renaissanceschloß wurde von Hans von Schaffgotsch knapp danach errichtet. Die von Promnitz kauften es, und deren letzter Sproß schenkte es 1764 dem Grafen Christian zu Stolberg-Wernigerode. Dessen Sohn ließ den Schloßturm errichten.

KUCHELBERG (poln. *Kochlice*), Kreis Liegnitz
Der älteste Teil des Schlosses stammte noch aus der Zeit der Herzöge von Lüben, der letzte Anbau von 1801. Friedrich Nikisch von Rosenegk ließ das Schloß noch 1899 teilweise umbauen. Ursprünglich war Kuchelberg ein Jagdschloß und wird 1495 als Besitz Christian von Falkenhayns erwähnt, dessen Wappen mit denen der Schweinichen, Stosch und Niebelschütz auf einem Portal von 1567 zu sehen war.

KYNAST, Kreis Hirschberg
Erstmals im Erbvertrag Kaiser Karls IV. genannt, mit dem er sie dem Markgrafen Otto von Brandenburg vermachte. Wahrscheinlich war sie zwischen 1353 und 1364 erbaut worden. Wann sie an die Schaffgotsch kam, denen sie bis 1945 gehörte, ist unbekannt. Am 31. August 1675 wurde sie durch Blitzschlag vernichtet. Seither nicht mehr wieder aufgebaut, war und ist sie bis heute ein beliebtes Ausflugsziel.

KYNAST, Kreis Hirschberg
Die Trümmer der sagenumwobenen Burg stammen von Bauten aus dem 15. bis 16. Jahrhundert. Wertvollster Bestandteil: die spätgotische Erkerkapelle von 1393, deren Kreuzgewölbe erhalten blieb. Aus dem 17. Jahrhundert stammt die Bastion. Die Umfassungsmauer zeigt eine sonst seltene „Hasenscharte" – zwei Schießscharten mit gemeinschaftlicher Mündung.

KYNAU (poln. *Zagórce Śląskie*), Kreis Waldenburg
Das ursprünglich wesentlich einfachere Herrenhaus von Kynau, das auf halber Höhe unter der Kynsburg gelegene neue Schloß, wurde 1873 bis 1874 zu der hier gezeigten Gestalt vergrößert. Das Schloß gehörte ursprünglich den Burghaus auf Laasan, die es 1856 an die von Zedlitz verkauften. Diese vergrößerten den dazugehörigen Grundbesitz noch vor dem Jahrhundertende auf 772 Hektar.

KYNAU (poln. *Zagórce Śląskie*), Kreis Waldenburg
Zum Unterschied vom barocken Speisesaal war der „Langsaal" Kynau im Stil des Klassizismus gehalten. Angemessener Repräsentationsraum eines Rittergutes, zu dem unter Ferdinand von Zedlitz und Neukirch 1867 noch die Rittergüter Heinrichau und Friedersdorf und 1880 das Rittergut Michelsdorf sowie weitere Grundstücke in nicht weniger als sechs Gemeinden der Umgebung hinzugekommen waren.

KYNSBURG (poln. *Zamek Grodno*), Kreis Waldenburg
Die Kynsburg an der Weistritz war ursprünglich als Verteidigungswerk des Herzogtums Schweidnitz gegen Böhmen errichtet worden. Als das Herzogtum 1392 an Böhmen fiel, verlor die Kynsburg an Bedeutung und ging an die königlichen Landeshauptleute als Pfandbesitz, die Reinitz, von Mühlheim und von Cettritz. Zuletzt gehörte die Burg nach oftmaligem Besitzerwechsel den Zedlitz-Neukirch.

KYNSBURG (poln. *Zamek Grodno*), Kreis Waldenburg
Das Schicksal der Kynsburg war sehr bewegt. Die Besitzer wechselten oft, bis schließlich ein Herr von Winterfeld die Burg an Gottfried von Lieres und Wilkau veräußerte, nachdem sie sogar die Hohenzollern-Sigmaringen 1607-1622 besessen hatten. Als die Lieres Dittmannsdorf als Wohnsitz wählten, verfiel die Kynsburg. I. G. Büsching, der sie eine Zeitlang besaß, ließ sie teilweise restaurieren.

LAASAN (poln. *Lażany*), Kreis Striegau
Laasan entstand wahrscheinlich durch Waldrodung gegen Ende des 13. Jahrhunderts. Lange gehörte es den Nostitz. Ludwig Graf von Pfeil erbte es von dem letzten Grafen Burghaus und vereinigte dessen Wappen und Namen mit seinem. Das Wasserschloß wurde 1720 unter Weiterverwendung von Bauteilen aus der Renaissance erbaut. Es ist seit 1945 vollständig verwüstet und nur noch Ruine.

LAMPERSDORF (poln. *Mikowice*), Kreis Oels
Das Schloß zu Lampersdorf wurde 1584 im Stil der Renaissance von Conradus Dompnig errichtet, wie aus einer Inschrift hervorging. Er soll auch der Erbauer des Breslauer Domes gewesen sein. Ein altes Ölbild zeigte das letzte Elentier, das hier laut Aufschrift 1743 geschossen wurde, „als Christian Wilhelm Ludwig von Korckwitz posessor dieses Gutes war." Der Schütze war der Jäger Georg Schelentz.

LAMPERSDORF (poln. *Zaborów*), Kreis Steinau/Wohlau
Lampersdorf gehörte dem Geschlecht der Grafen von Nostitz. Auf einen von ihnen geht auch der im Jahre 1725 errichtete Barockbau des Schlößchens zurück, bei dessen bescheidener Fassade nur Treppenaufgang und Portal einen Begriff davon gaben, mit welchem Geschmack es eingerichtet war. Da das Schloß dem gesteigerten Repräsentationsbedürfnis nicht genügte, wurde 1906 ein Kavaliershaus angebaut.

LAMPERSDORF (poln. *Zaborów*), Kreis Steinau/Wohlau
Das Schloß, im 18. Jahrhundert noch im Besitz der Grafen von Nostitz, ging zu Beginn des 19. Jahrhunderts an die von Prittwitz über. Sie verkauften den anmutigen Bau 1857 an Gustav Brüstlein. von ihm wiederum erwarb es Oberamtmann Hermannn Pratsch, der bis dahin die Domäne Bodland O.S. bewirtschaftet hatte, und verkaufte es 1905 an Gotthard Wirth.

LAMPERSDORF (poln. *Zaborów)*, Kreis Steinau/Wohlau
Dieser Treppenaufgang, der noch aus den großen Zeiten des Barock stammt, verrät wenig von den Sorgen, die die Nachfolger der Grafen Nostitz hier mit der Bewirtschaftung ihrer Güter hatten, soweit sie rein auf die Erträge der Landwirtschaft angewiesen blieben. Lampersdorf ist ein schönes Beispiel für den österreichischen Barock, der viele schlesische Schlösser deutlich prägte.

LANGENDORF (poln. *Wielowieś*), Kreis Tost-Gleiwitz
In der Mitte des vorigen Jahrhunderts erbaut und in den Jahren unmittelbar vor dem Ersten Weltkrieg umfassend aus- und umgebaut. 1845 hatte es Josef von Jarotzky an Herrn Du Port veräußert, der es 1856 an Herrn Kuschel weiterverkaufte. 1877 kam Langendorf an Emil Baron von Durant de Sénégas, dessen Sohn Hans Hubert 1904 das Gut Blaschkowitz und 1909 Schieroth hinzufügte.

LANGENHOF (poln. *Karwiniec*), Kreis Oels
Erbaut 1833, 1905 bei einer Erweiterung jedoch völlig umgebaut. Der erste urkundlich bezeugte Besitzer des Rittergutes bis 1691 war Christian Ulrich Herzog zu Württemberg-Teck zu Oels und Bernstadt. Hundert Jahre später gehörte es Carl Emanuel von Warnery, der sich in österreichischen Kriegsdiensten genau so auszeichnete wie später in preußischen und in polnischen.

LANGHELWIGSDORF (poln. *Pogwizdów*), Kreis Bolkenhain. Nach einem Brand, der das alte Herrenhaus völlig vernichtete, errichtete Karl Wilhelm Ernst Graf von Nostitz 1800 das neue Schloß, das im wesentlichen unverändert das 20. Jahrhundert erblickte. Die Besitzer wechselten allerdings: Zunächst kaufte es 1830 der Berliner Geheimrat Creglinger, von ihm Richard Kramsta und von diesem im Jahre 1870 schließlich Leopold von Loesch.

LANKAU (poln. *Laczany*), Kreis Namslau
Nachdem am 28. April 1851 das alte Schloß und der Hof Lankau abgebrannt waren, erbaute Heinrich Pförtner von der Hölle 1853 bis 1854 das neue im Tudorstil. Urkundlich als erster Besitzer von Lankau anläßlich eines Besuches des Kaisers Leopold in Namslau Jakob von Schlebusch erwähnt. Von ihm erbten es die Prittwitz und Gaffron und 1854 von Heinrich von der Hölle Ida Baronin von Stosch.

LAUTERBACH, Kreis Bolkenhain
Zu Beginn des 18. Jahrhunderts von dem sächsischen General von Reibnitz erbaut, wobei der alte Wallgraben zugeschüttet wurde und nur die Brücke zum Haupttor erhalten blieb. Von des Generals Sohn kaufte es 1732 Friedrich Heinrich von Bibra und von dessen Erbin 1755 Rittmeister Gotthard von Kreckwitz. Über die Nostitz kam es schließlich an die Reichsgrafen von Hoyos.

LEDEROSE (poln. *Różana*), Kreis Striegau
Das schlichte Herrenhaus, an zwei Seiten von einem Wallgraben umgeben, wurde 1791 erbaut und 1810 bedeutend um- und ausgebaut. Auch der Park mit seinem Schloßteich wurde in den sechziger Jahren des vorigen Jahrhunderts umgestaltet. Das „ritterliche Erb- und Lehngut" hatten die Koschenbahrs von Georg Caspar von Tschammer 1778 geerbt. Vorgänger der Tschammer waren die von Abschatz.

LESCHCZIN (poln. *Leszczyny*), Kreis Rybnik
1881 erbaut, als Konrad Bartelt das Gut gekauft hatte, das um 1830 einer Frau von Laschowsky gehört hatte. Beim Tode Bartelts übernahm das Gut dessen Witwe, die sich in zweiter Ehe mit Baron von und zu der Tann vermählte. Das Dorf, eine altpolnische Siedlung, enthielt seit 1740 eine Glashütte und später dazu noch eine Kohlengrube, die gute Gewinne abwarf.

LESCHNITZ (1936 Bergstadt, poln. *Lésnica*), Kreis Groß-Strehlitz. Die Tatsache, daß Herzog Kasimir I. von Oppeln zwei adeligen Besitzern hier die gleichen Rechte gewährte, läßt darauf schließen, daß es sich um die Aussetzung einer adeligen Stadt zu deutschem Recht handelte - der Jahreszahl nach die erste dieser Art in Schlesien. Die Freivogtei, früher den von Schewitz gehörend, kaufte 1905 Karl Riedlinger. Der Ort wurde im Zweiten Weltkrieg schwer zerstört.

LIEBENAU (poln. *Lubień*), Kreis Liegnitz
Das von einem Wallgraben umgebene Schloß war, wie die Jahreszahl am Giebel bezeugte, 1607 erbaut worden unter Georg von Schweinitz als Besitzer des Gutes. 1737 verkaufte Hans Friedrich von Schweinitz Liebenau an Hans Ernst von Schweinichen. Dessen Gattin überlebte nicht nur ihn, sondern auch ihren zweiten Gatten von Trach und vererbte das Schloß ihrem Neffen von Rothkirch und Trach.

LIPSA (heute Lindenort, DDR) Kreis Hoyerswerda
Durch ein Portal mit Zwiebelturm und durch einen weiten Park erreichte man das Schloß, uralter Besitz derer von Gersdorff, die es 1671 verkauften. In der Folgezeit saßen hier die von Baudissin, von Schmettow, von Hundt und Alten-Grottkau, die Grafen von Redern und eine von Schmorl. 1904 kaufte der Dresdner Dr. Walter Naumann den Besitz und ließ das Schloß 1906 umbauen.

LISSA (poln. Lasów), Kreis Görlitz

Um 1364 wird als Besitzer von Lissa ein H. von Radeberg genannt, ein Jahrhundert später sind es die Brüder Bernhard, Georg und Andreas von Gersdorff. Ab 1640 eröffnete der Görlitzer Ratsherr Bartholomäus Hirschberg die Reihe der Görlitzer Patrizier, die im Besitz von Lissa in den folgenden Jahrhunderten, nur selten von einzelnen Adeligen unterbrochen, hier folgten.

LISSA (poln. *Lasów*), Kreis Görlitz
Blick in den Saal des Schlosses, als es 1909 Johannes Jörg gehörte. Eine Unterbrechung der Folge bürgerlicher Besitzer brachte 1568 der Verkauf durch den Magistrat von Görlitz an Caspar von Fürstenau. 1649 erwarb es von dessen Nachkommen Caspar Christoph von Kottwitz, nach den Gersdorff und Nostitz folgte in Lissa wieder eine außerordentlich lange Reihe bürgerlicher Besitzernamen.

LORZENDORF (poln. *Woskowice Male*), Kreis Namslau
Die Familie von Loesch, die im Jahre 1829 Lorzendorf den von Kalckreuthschen Erben abkaufte, hat das ursprünglich sehr schlichte Schloß völlig umgestaltet, um ihm einen repräsentativen Charakter zu geben. Der Treppenturm am alten Gutshaus stammt von 1872/1874, ein Teil der oberen Stockwerke wurde aus Schüttböden zu Fremdenzimmern oder (im dritten und vierten Stock) zu Kammern umgestaltet.

LUDWIGSHOF (poln. *Milocin*), Kreis Liegnitz
Wenig ist aus der Vergangenheit des Ortes oder des Gutes Ludwigshof überliefert. Das Schloß, ein typischer Bau der Gründerjahre mit seinem spitzen Rundtürmchen, der breiten Freitreppe und dem Balkon über dem Erker, wurde 1889 erbaut, nachdem Rittmeister Krampf – dessen Beruf mit „Vorwerksbesitzer" angegeben ist – Ludwigshof kaufte. Das Anwesen fiel 1908 an den Breslauer Kaufmann Krause.

MAGNITZ (1937 Magning, poln. *Magnice*), Kreis Breslau
Das „neue“ Herrenhaus von Magnitz wurde von Ernst von Rath 1877 erbaut, das alte am Witschaftshof gelegene, von einem Wallgraben umgebene Schloß diente von da an als Wohnung für Wirtschaftsbeamte. Es wurde auf ein Alter von vier- bis fünfhundert Jahren geschätzt. Vorbesitzer war Graf von Schwanenfeld. Schon Kaiser Leopold hatte dem zum Gut gehörenden Kretscham 1636 das Braurecht verliehen.

MAHNAU (poln. *Maniów*), Kreis Glogau
Bis ins 18. Jahrhundert ist die Vorgeschichte von Mahnau ziemlich dunkel. 1739 wird in den Urkunden als Besitzerin Marie Elisabeth von Dieckmann erwähnt. 1743 heißt der Besitzer Balthasar von Borwitz. Rasch folgten andere, bis ab 1893 Leutnant von Jörs Mahnau zwar nur vier Jahre lang besitzt, das alte Herrenhaus aber durch dieses neue ersetzt. Sein Nachfolger ist Friedrich Karl von Köckritz.

MALITSCH (poln. *Maluszów*), Kreis Jauer
Die Abschatz ließen Schloß Malitsch zu Beginn des 17. Jahrhunderts erbauen. Es wurde in der Folgezeit mehrfach vergrößert. 1820, als Malitsch von der Familie Richthofen an Prinz Ludwig von Hessen und darauf an den bayrischen König Ludwig I. übergegangeen war, ließ dieser den Park in englischem Stil erweitern. Erst als den von Sprenger das Schloß ab 1842 gehörte, erhielt der Teich seine spätere Form.

MALLMITZ (poln. *Malomice*), Kreis Sprottau
Ursprünglich gehörte Mallmitz von 1400 bis 1680 den Freiherren von Kittlitz, die das bis in unser Jahrhundert erhalten gebliebene Herrenhaus erbauten. Schon um 1600 existierten hier vier Eisenhämmer. Das „neue“ Schloß wurde 1689 von Heinrich Gottlob Graf von Redern erbaut. Ab 1766 gehörte es den Grafen zu Dohna. Eine Gräfin Dohna errichtete 1801 ein Eisenhüttenwerk. Nach 1945 abgetragen.

MASSEL (poln. *Maslów*), Kreis Trebnitz
1706 bis 1708 durch Ecke Friedrich von Kreckwitz und Lancken erbaut. Im 15. Jahrhundert hatte das Rittergut den Herren von Kittlitz, später den Burggrafen zu Dohna gehört. 1599 kauften es die Herren von Kreckwitz und Lancken. Im 19. Jahrhundert gehörte es einem Baron von Kloch, den Grafen von Bethusy-Huc und schließlich ab 1869 der Familie von Rothkirch und Panthen.

METSCHLAU (poln. *Mycielin*), Kreis Sprottau
Sein ältester Teil stammt noch aus dem 14. Jahrhundert und wurde im ganzen dreimal durch größere Anbauten nach Norden zu erweitert. Zum Teil fiel dieses Schloß 1779 einem Brand zum Opfer. In der zweiten Hälfte des 19. Jahrhunderts ging man an neue Vergrößerungen; nach der Jahrhundertwende gaben ihm die Herren von Niebelschütz schließlich das Aussehen, das dieses Bild zeigt.

METSCHLAU (poln. *Mycielin*), Kreis Sprottau
Ein Blick auf den alten Turm von Schloß Metschlau, in dessen zweitem Stock sich noch Kreidezeichnungen aus der Franzosenzeit Schlesiens befanden. Das Rittergut war ursprünglich Eigentum der Familie von Studnitz gewesen, die es Hans Ernst von Niebelschütz vererbte. Seit diesem ersten Besitzer aus dem Haus Niebelschütz, der 1827 starb, blieb Metschlau bis 1945 im Besitz der Familie.

MILITSCH (poln. *Milicz*), Kreis Militsch-Trachenberg
Den langgestreckten, mit einer Kuppel gekrönten Bau ließ Joachim Carl Graf von Maltzan 1799 durch Karl Gottfried Geißler errichten. Er gehörte zu den schönsten Schöpfungen jener Zeit und wurde 1910 nochmals stilgerecht erweitert. Er existiert noch heute. „Stets den Guten offen" steht in Latein über dem der Stadt zugewandten Portal. Ein anderes, das „Friedenstor", erinnert an 1814.

MINKOWSKY (ab 1937 Seydlitzruh, poln. *Minkowskie*), Kreis Namslau. Als der friderizianische Reitergeneral Friedrich Wilhelm von Seydlitz vom König 1765 20.000 Taler als Geschenk erhielt, kaufte er Minkowsky. Nach dem Muster von Sanssouci errichtete er sein Rokokoschloß, dessen Vollendung er nicht mehr erlebte. Er ist im Park begraben. Seine Töchter verkauften das Schloß an Baron von Henneberg, schließlich erwarben es die Herren von Wartensleben.

MINKOWSKY (ab 1937 Seydlitzruh, poln. *Minkowskie*), Kreis Namslau. Blick in den ovalen Saal, der so sehr an Sanssouci erinnert. Genau in der Fluchtlinie der Saaltür ließ Seydlitz einen Durchblick durch den Park zur 23 Kilometer entfernten Garnisonsstadt Ohlau seiner Rochowkürassiere schlagen. Bei seinen Aufenthalten im damals noch unfertigen Minkowsky wohnte er allerdings in einem Gartenhäuschen. Das Dachgeschoß wurde 1910 ausgebaut

MITTEL-GERLACHSHEIM (poln. *Grabszyce Średnie*), Kreis Lauban. Der westliche Flügel (links) des Schlosses stammt von 1809; diese Jahreszahl erscheint auf dem dort angebrachten Uechtritzschen Wappen. 1895 erhielt das Schloß durch die damals angelegte Auffahrt seine endgültige Gestalt. Das einstige Herrenhaus diente später als Wirtschaftsgebäude. Vom 14. Jahrhundert bis 1649 gehörte der Ort der Familie von Gersdorff, nach 1900 Konrad Schliephacke.

MITTEL-LOBENDAU (poln. *Lubiatów*), Kreis Goldberg
Schloß Mittel-Lobendau wurde 1863 bis 1866 von Guido Polst nach der Übernahme des väterlichen Gutes erbaut. Sein Vater hatte es 1826 von Gottlieb König und dieser 1805 von der Erbin des Grafen Karl Wilhelm Erdmann von Roedern gekauft. 1308 wird hier ein Ritter Busewoy erwähnt, als Boleslaus III. von Liegnitz ihm einen Kretscham abkauft. Die Buseweys waren ein sehr begütertes Geschlecht.

MITTEL-STEINE (poln. *Ścinawka Średnia*), Kreis Neurode/Glatz. Wer Mittel-Steine erbaute, weiß man nicht. Bekannt ist nur, daß es im Dreißigjährigen Krieg ausbrannte und bald darauf trotz der schwierigen Zeitläufte wieder hergestellt wurde. Das alte Schindeldach von damals wurde 1877 von den Freiherren von Lüttwitz gegen ein Schieferdach ausgetauscht. Das Schloß, das ehemals den Stillfried und Radonitz gehörte, hatten sie vom preußischen Fiskus gekauft.

MOJAWOLA (Gem. Neumittelwalde, poln. *Międzibórz*), Kreis Groß-Wartenberg. Das zum Teil mit Baumrinde bekleidete Jagdschloß wurde von Wilhelm Herzog von Braunschweig-Oels 1852 wie ein schottisches Jagdschloß erbaut. 1895 wurde der Balkon, 1902/1903 ein Flügel, der Aussichtsturm und ein Treppenturm angebaut. Das Schloß erbte 1884 König Albert von Sachsen, verkaufte es 1885 an die Buddenbrock-Hettersdorf, die es 1909 weitergaben.

MONDSCHÜTZ (poln. *Mojecice*), Kreis Wohlau
1308 wurde Merbot „de Hugewitz" im Erblehnsbesitz von Mondschütz bestätigt, den Haugwitz folgten 1466 die Stosch und nach drei Jahrhunderten (1747) die Kottwitz, die das Gut schon 1780 an die von Köckritz verkauften. Das Schloß wurde 1624 von Melchior von Stosch errichtet, eine Renovierung wegen Baufälligkeit zu Beginn des vorigen Jahrhunderts ließ vom alten Bau kaum etwas übrig.

MOSCHEN (poln. *Moszna*), Kreis Neustadt
In der Nacht vom 2. zum 3. Juli 1896 brannte Schloß Moschen aus. Der damalige Besitzer Graf von Thiele-Winckler legte zwar größten Wert darauf, daß das alte Aussehen des 1768 von General von Knobelsdorff errichteten Barockschlosses wiederhergestellt werde; der Augenschein überzeugt davon, daß schließlich doch der Geschmack der letzten Jahrhundertwende überwog.

MOSCHEN (poln. *Moszna*), Kreis Neustadt
Die Diele soll den verheerenden Brand von 1896 halbwegs überstanden haben. Von den Möbeln abgesehen atmet sie noch den Geist der Zeit ihrer Erbauung. Friedrich II. hatte die Herrschaft 1764 gekauft und gemeinsam mit Kujau, Müllmen und elf Ortschaften dem General von Knobelsdorff verliehen. 1768 legte er den Grundstein zu dem in französischem Barock aufgeführten Schloß Moschen.

0 10 20 30 40 50 km
Oder
Kleinitz
GRUNBERG
Gunthersdorf
Dt.-Wartenberg
Gr.-Reichenau
Brunzelwaldau
FREYSTADT
Carolath
Bielitz
Zobelwitz
Rabsen
Schwusen
Ziebern
GLOGAU
SAGAN
Metschlau
N.-Langheinersdorf
Dalkau
Jakobskirch
Mahnau
Quaritz
Gramschutz
Cunzendorf
SPROTTAU
Mallmitz
Primkenau
Pilgramsdorf
Halbau
Muskau
Neisse
HOYERSWERDA
Lipsa
Weisskollm
Jahmen
ROTHENBURG O.L.
Petershain
Diehsa
Ullersdorf
O.-Rengersdorf
Lissa
Klingewalde
GORLITZ
O.-Glaserdorf
Neuguth-Heinzenburg
Koslitz
Parchau
Kl.-Kotz
Gr.-Kotzenau
LUBEN
Gr.-Krichen
Brauchitschdorf
Gr.-Reichen
Wolfshayn
BUNZLAU
Barsdorf-Tr.
Panthenau
Groditzburg
M.-Lobendau
Groditzberg
Kuchelberg
Boberau
LIEGNITZ
Rothkirch
Schmochwitz
Ludwigsdorf
Malitsch
Liebenau
GOLDBERG-H.
Seichau
Gr.-Baudiss
LAUBAN
Neuland
LOWENBERG
O.-Oertmannsdorf
M.-Gerlachsheim
Waltersdorf
Neukirch
Brechelshof
JAUER
Kolbnitz
SCHONAU
Langhelwigsdorf
Blumenau
Stockel-Kauffung
Lauterbach
Rohnstock
Schweinhaus
Paulinum
HIRSCHBERG
Jannowitz
BOLKENHAIN
Bornchen
Hohenfriedeberg
Wilhelmsburg-Nimm.
Warmbrunn
Schildau
Kynast
Fischbach
Neuhoff
Furstenstein
Kreppelhof
Reussendorf
LANDESHUT
WALDENBURG
Katzbach
Neisse
Bober
GRENZE DES DEUTSCHEN REICHES
GRENZE DER PROVINZ SCHLESIEN
KREISGRENZE
LAUBAN KREISSTADT
BRESLAU KREISSTADT MIT SCHLOSS
Camenz SCHLOSS
Provinz- und Kreisgrenzen nach dem Stand von 1914
Entwurf und Zeichnung: Jozo Džambo